コロナに負けない!

荻原博子の

家計引きしめ術

Ogiwara Hiroko
荻原博子

聞出版

はじめに

やまない雨はない、明けない夜はない

新型コロナウイルスの感染拡大により、日本だけでなく世界中が被災地となりました。そんな中、これまでどおりの生活が続けられなくなってしまったという人も多いことでしょう。

新型コロナウイルスに感染して入院したり亡くなったりした人はもとより、感染しなくても、店を満足に開けることができずに商売が成り立たなくなった人、勤めていた会社が経営不振に陥ってリストラされてしまった人、取引先が倒産した煽《あお》りを受けて、自分の会社もたたまざるを得なくなってしまった人が増えるなど、多くの悲劇が起きています。

影響は、すでに家庭内でも起きています。

リモートワークの導入で、それまで給料にプラスされていた残業代がなくなったり、人員整理のため、パートやアルバイト先をなくしたりして、収入が減少してしまった家庭もあるでしょう。

特に大学生は切実な状況下にあるようで、地方出身の学生の中には、アルバイトで学費や生活費を稼いでいる人も多く、ネットのアンケート調査によると、学生の5人に1人が、生活苦のため大学を辞めなくてはならなくなっているとのことでした。


しかも、こうしたコロナ禍の真っ只中に、政府が「Ｇｏ Ｔｏトラベル」キャンペーンを始めたことで大混乱が起き、しかも国会も開かれず、国民の多くが「政府は当てにならない」と思ったことでしょう。

改めて、「自分の身は、自分で守らなくてはいけない」と多くの人が気づいたに違いありません。

コロナ禍は、健康面だけではなく、経済にも大きな打撃を与えました。私たちが生きていくために大切な「お金」の問題でもあるのです。

では、どうすれば、終わりが見えないコロナ禍の中でも、家計をきっちり守っていくことができるのでしょうか。その具体的な方法について、本書で一緒に考えていきましょう。

第1章では、今の家計を見直して、新型コロナウイルスに負けない強い家計を作るための方法についてお話ししています。

第2章では、コロナ時代の保険の考え方と、家計に負担が多い保険料の削り方について解説しています。

第3章は、収入が減ってしまうと返済が難しくなりそうな住宅ローンに、どのように対処すべきかについてお話ししています。

第4章は、コロナ禍の今だから使える、すぐに役立ちそうな猶予や免除を集めてみました。

そして、第5章では、アフターコロナがどんな時代になるのか、そこで役立ちそうな情報をまとめました。


本書が、コロナ禍で苦しむご家庭を立て直すための役に立ち、皆さんが少しでも希望を持てるようになれば、筆者として望外な幸せです。

みんな苦しい。けれど、やまない雨はない、明けない夜はない。その雨が、その夜が終わるまでの間、なんとかみんなで生き抜きましょう！

経済ジャーナリスト　荻原博子

2020年8月

コロナに負けない！
荻原博子の家計引きしめ術　目次

第2章 コロナ時代の保険はどう選ぶ?

第3章　住宅ローンを無理なく返済

第4章 困った時の猶予&免除

第5章 コロナ不況を乗り切る生活防衛術

ブックデザイン・図表……宮坂佳枝
編集協力……阿部えり
ＤＴＰ……センターメディア
校正……東京出版サービスセンター
帯写真……髙橋勝視（毎日新聞出版）

第1章

コロナに負けない家計を作る!

1 最初にすべきは家計のチェック！

日本列島は、これまで多くの災害に見舞われてきました。そのたびに、被災地は、被災を免れた地域の力も借りて、立ち上がってきました。

ところが、新型コロナウイルスでは、全国、いや全世界が被災地です。しかも、頼みの綱の政府が頼りにできないとなれば、**各家庭が自力で立ち上がるしかない**。

家計を立て直すために一番大切なのは、家計の現状を知ることです。

まずは、今、自分の家庭が置かれている現状を把握しなければならず、そのためには、次の2つのことが必要です。

1．現在の資産はどうなっているのか（資産の棚卸し）

２．月々の出費は、どうなっているのか（生活にかかっているお金）

この２つがしっかりと把握できれば、あとは、それを見ながら**改善点を探し出し、具体的な方策を考えていけばいい**のですから。

結論

新型コロナウイルスで痛んだ家計を立て直すためには、自分の家庭が今、置かれている状況を知ることが大切です。まず、現在の資産を確認。そして、月々の出費を確認すること。そこから、家計の改善点が見えてきます。

2 家族みんなで資産の棚卸し

「将来の家計は、大丈夫だろうか」と考える時に一番大切なのは、現状を知ることです。まず、自分の足元がどうなっているのかがわからなければ、対策の打ちようもないからです。

商売をしている人は、何が、どのくらい売れているのかを調べなくては仕入れができません。ですから、定期的に在庫数をはじめ、それぞれの商品の品質や状態を調べる「棚卸し」をしています。

こうして現状が把握できれば、どの商品を早く売るべきか、いつまでに、いくら仕入れを増やせばいいかなどがわかり、販売計画を立てやすいからです。

実は、商売に限らず、家計でも自分が持っている資産をチェックする「資産の棚卸

し」をしてみるべきです。

なぜなら、自分では住宅ローンはそれほど残っていないと思っていても、数字で見ると意外と大きくて、老後の生活に支障をきたしそうだったりするからです。

ましてや今は、新型コロナウイルスという不確定要素があります。多少の困難に直面しても倒れない家計にしておかないと、イザという時に慌てることになります。

そのためにも、まずはここで一度、我が家の資産を総点検して、書き出してみる必要があります。

◆書き出した資産は必ず家族で確認！

「資産の棚卸し」では、18〜19ページの図表1−1のように項目を立てて具体的な数字を書き込みます。

貯蓄・投資信託・株式など	金融機関	種類	名義人	金額
	○○銀行	普通	小泉信三	80万円
	○○銀行	定期	小泉信三	300万円
	○○銀行	財形	小泉信三	100万円
	△△信用金庫	積立	小泉京子	120万円
				円
				円
				円
				円
				円
	貯蓄小計			600万円 ← A

保険	保険会社	保険の種類	被保険者	解約払戻金
	○○生命	終身	小泉信三	100万円
	○○生命	医療	小泉信三	200万円
	△△生命	医療	小泉京子	200万円
	△△生命	がん	小泉京子	200万円
				円
				円
				円
	保険小計			700万円 ← B

合計 A＋B＋C＋D－E

2020年1月1日現在

2450万円 ＝ 今ある資産

図表1-1　資産の棚卸しチェックシート

不動産

場所	種類	面積	評価額
神奈川	中古一戸建て	83 ㎡	円
	土地	103 ㎡	2300 万 円
			円
			円
			円
			円
不動産小計			2300 万 円 ← C

車、貴金属類

種類	名義人	数量	時価
車	小泉信三	1台	50 万 円
宝石	小泉京子	1個	30 万 円
			円
			円
			円
			円
車、貴金属類小計			80 万 円 ← D

負債

借入先	種類	金利	残債
○○銀行	住宅ローン	1.2%	1200 万 円
○○銀行	カードローン	14%	30 万 円
			円
			円
負債小計			1230 万 円 ← E

このように、**自分が持っているプラスとマイナスの資産を書き出してみます**。住宅ローンや車のローン、キャッシングなどのマイナスの資産は、赤ペンで書いておくとわかりやすいでしょう。

書くのは、どんな紙でもいいのですが、その時に注意しなくてはいけないことが2つあります。

1つは、必ず一目で見られるものにすること。ノートなら見開きに、紙なら1枚に書きましょう。

なぜなら、見開きで書いておけば、プラスの資産とマイナスの資産が一目瞭然になり、「まだ住宅ローンがかなり残っているから、これを減らすのに、こちらの低金利の預金を取り崩して繰り上げ返済しよう」「貯金ができていないから、多すぎる保険を少し解約しよう」「投資商品は多いのに、現金が少なすぎるので現金を増やそう」などと、具体的に検討しやすくなるからです。

もう1つは、この「資産の棚卸し」は、必ず夫婦、もしくは家族全員で見るようにしましょう。家族みんなが家計の状況を知った上で、家計に対するそれぞれの考え方がわかれば、話し合うための土壌が築けるからです。

共通認識ができれば、今後、どういう方向で努力すればいいのかお互いにはっきりするでしょう。その合意を夫婦または家族で持つことが、改善につながるのです。

結論

家計の不安を減らすために、「資産の棚卸し」をしてみましょう。
そうすれば、家計の不安な部分が数字でわかります。
それを見ながら、今後の解決策を
夫婦もしくは家族みんなで考えていきましょう。

3 月々の出費はどうなっているか——生活費を書き出す

「資産の棚卸し」をすれば、自分の家計で不足しているお金や、残っているローンなどがわかるはずです。

不足した分を補い、**大きなローン残高を小さくするためには、どこかでお金を浮かさなくてはなりません**。

そこで必要になってくるのが、月々どんな出費があって、それが実際にどれくらいまで削れそうかを把握することです。

そのために、23ページの家計の収支確認表（図表1－2）に月々の収入と支出を書き出してみます。この表をコピーしてお使いください。

具体的に月々の出費を書き出してみると、**自分が予想していたよりもひと月の出費額が多いことに気づくでしょう**。

図表 1-2　家計の収支確認表

収支内訳	
月間収入（手取り）	金額（円）
夫	
妻	
児童手当	
月間支出	
食　費	
日用品費	
住居費	
水道・光熱費	
被服費	
教育費	
交通費	
娯楽費	
通信費	
医療費	
車両費	
保険料	
交際費	
小遣い（夫）	
小遣い（妻）	
ボーナス収入	
夫（手取り）	
妻（手取り）	
ボーナス支出	
生活費・貯蓄など	

人は、頭の中で物事を都合よく考えがちなので、実際に数字で見てみると、違う場合が多いのです。

家計簿をつけている人は、こうした数字を家計簿の中から抜き出せばいいのですが、**家計簿をつけていない人は、1カ月分だけでいいので、レシートや領収書を見ながら、数字を書き出してみましょう。**

これも、夫婦もしくは家族全員で一緒に行うべきです。書き出した数字をみんなで見れば、「我が家は、思ったよりも通信費がかかっているね」「電気代、これ以上増やさないように気をつけようね」などという意見が、家族間で出てくると思います。

ただ、「これで今まで、ほぼほぼ生活してこられた」という人でも、安心してはいけません。なぜなら、**新型コロナウイルスの影響が本格的に出てくるのは今年の後半から来年にかけて。特に来年の春闘では給料は下がりこそすれ、上がる見込みがないと思ったほうがいいでしょう。**

◆不安なら、生活費は今までの8割に抑える!

今回の新型コロナウイルスによる経済的被害は、リーマンショックでの不況を上回ると言われています。また、**今年の秋から冬にかけては、新型コロナウイルスの大きな波が家計を襲う**とも言われています。

それだけに、今はなんとかなっているご家庭でも、今後、未曽有《みぞう》の不況に巻き込まれないとも限りません。

もしかしたら、リストラ、ボーナスカット、給与カットなどということも起きてくるかもしれません。しかも、再び新型コロナウイルスが蔓延すると、またまた自宅待機ということにもなりかねず、そうなると食費や光熱費など、日常生活にかかる消費も増えていくでしょう。

実は、新型コロナウイルスは、現役世代の家庭だけでなく、すでに**リタイアした高**

齢家庭も直撃します。

なぜなら、現在の年金支給額は現役の人の給料と連動していて、給料が下がれば年金支給額も下がるようになっているからです。しかも、**高齢者の場合、感染には特に注意を払わなければならないため、これまで電車やバスで移動していたものをタクシーに代えるなどして、余計なお金がかかりやすい**のです。

◆収入を増やすより、支出を減らす！

こうした厳しい状況に備えておくためには、**今の収入が2割減ったとしてもなんとか耐えられる強靭な家計にしておくこと**です。

これまでは、家計が大変なら、足りない分は妻がパートに行ったり、子供がアルバイトをしたりすれば、なんとかやっていけました。

けれど、今はパートもアルバイトも、事業の縮小などで整理される方向にあり、一部では、仕事の奪い合いも起きています。

ですから、**この先の数年間は、「家計の収入を増やす」ではなく「いかに支出を小さくするか」に徹しましょう**。

小さな見直しでも、チリも積もれば山となる。住宅ローン、生命保険という大きな見直しは第2章、第3章で改めてお話ししますので、この章では**現在の生活費の2割カットを目標**に、家計を細かく見ていきましょう。

結論

新型コロナの影響が続く中で、再び大きな波がやってきても耐えられるように、強靭な家計を作っておきましょう。
年金をもらっている高齢者世帯も、例外ではありません。
目標は、現在の出費を2割減にすることです。

4 節約は、男の視点と女の視点で相乗効果が！

節約しようと妻が一人で頑張っても難しい。妻が電気を消して歩くあとから、夫が電気をつけていくようでは、節約にならないからです。

前述したように、**「資産の棚卸し」や「月々の出費の見直し」は、夫婦や家族でやれば、効果はかなり上がります。**

実は、**多くの女性は、スーパーで商品が安くなる時間帯に買い物に行ったり、チラシを見ながら特売品を買ったりするという細かい節約については得意**なのですが、住宅ローンや生命保険のような大きな買い物での節約は、仕組みを勉強するのが面倒なのでスルーしてしまいがちです。

一方、男性の多くは、細かい節約は苦手なのですが、会社でさまざまな事業計画を立てたり、その仕組みを考えたりするケースが多いので、効果を得るための方策を考えるなど、目的がはっきりすれば集中的にその攻略法が考えられます。

節約についても、男性の視点と女性の視点は違うので、この相乗効果が発揮されれば、家計はグンと効率化し、ダウンサイジングできます。

そのためにも、早い時期から夫婦や家族の間で**危機意識を共有**しておきましょう。

結論

夫婦で節約するにしても、男性と女性では視点が違うケースが多いので、それぞれの持っている特性を生かしてアプローチすれば、家計は相乗効果でスリム化されていくことでしょう。
基本は、「夫婦仲良く、役割分担」です。

5 ちょっとの工夫で通信費はグンと安くなる

インターネットでは、お得なプロバイダーを選ぶことが重要ですが、キャンペーンなどもあってなかなか比較しにくい。そんな中、意外と安くなるのが、プロバイダー単体ではなく、**ケーブルテレビや携帯電話、スマートフォン（スマホ）とセットでの契約**です。

また、**スマホなどの通信には、なるべくWi-Fiを使うこと。**Wi-Fi環境がある場所で、LINEやスカイプなど**同じ無料通信アプリが入っている者同士であれば、通常の通話に加え、ビデオ通話も無料。**

通信費が高いという人は、格安スマホに切り替えるというのもいいでしょう。**ひと月8000円程度だった携帯の料金が、いきなり2000円代になることも**ありますよ。「格安」というと、質が悪いのではないかと思うかもしれませんが、そんなことはありません。ＮＴＴドコモなどの通信会社は自前で電話網を持っていますが、格安スマホはそうした通信会社から通信回線を借り受けるシステムのため、そのぶん経費がかからないのです。スマホで毎日映画を観るという人以外は、つながりにくいなどの影響はそれほどないはずです。

結論

家庭で急増している通信費を見直すには、まず、契約の仕方から考えてみましょう。また、なるべくWi-Fiを使えば通話料は無料になる可能性もあります。さらに、格安スマホに切り替えたり、プラン変更をしたりすれば、驚くほど安くなるはずです。

6 1000円生活、始めましょう

あらかじめ1カ月の食費を決めて、それ以上使わないことにすれば、節約効果は上がります。これに、**ゲーム感覚でチャレンジ**してみましょう。

例えば、月々の食費が4万円なら、主食用に1万円取っておき、残りの3万円をおかず用とし、**全部1000円札に両替します**。そして、毎日1000円ずつ財布に入れていく。

買い物に行く時には、必ずその財布を持って行きましょう。そして、**財布に入っているお金の範囲で、おかずの材料を買うようにします**。

1日1000円というのは、節約初心者には厳しい金額。

ですが、修業だと思って**1カ月続ければ、驚くほど買い物上手になること請け合い**

です。財布の中の1000円でみんなを満足させる食事を作らなくてはならないとなれば、**チラシ広告を見たり、他の店と価格を比べたりしながら、真剣に物の値段を検討するようになるからです。**

この1日1000円生活を1カ月も続けられたら、買い物では向かうところ敵なし。

さらに、その1カ月後には、1000円でもお釣りが出るようになる〝**底値の鬼**〟になること請け合いです。

結論

買い物する際は、やたらにお金を持ち歩かない。
一定額しか使わないという枠を作り、しっかり守りましょう。
1日1000円と決めたら、1000円しか持たずに
買い物に行く。1カ月もすれば節約のプロになっているはず！

7 スマホ撮影&整理整頓で節約効果アップ!

洋服などを衝動買いし、家に帰ってきて見たら、同じようなものがタンスの中に3枚も入っていたなどという経験のある人も多いことでしょう。

こうした**無駄買いを防ぐためには、自分が持っている服をスマホで撮影し、「ズボン」「シャツ」「セーター」「スカート」といった感じで、フォルダ分けして整理しておくことをおすすめ**します。

こうすれば、**お店に行って「これ、欲しいな」と思った時に、スマホの写真を見て、ダブっていないか、他の洋服と着回しできるかなどもすぐにわかるので、無駄な買い物をしなくてすみます。**

スーパーに買い物に行く前には、冷蔵庫に何が入っているかチェックしてから出かけたいところですが、そんな時間もないという時には、**冷蔵庫や冷凍庫の中をパシャパシャとスマホで撮って行きましょう**。その写真を見て、冷蔵庫の中の在庫を確認しながら買い物すれば、二重に買わなくてすみます。

もし、写真を撮っても冷蔵庫の奥のほうが写らないようなら、それだけ在庫があるということです。わざわざ買い物に行かなくても、冷蔵庫にあるものを煮込んだり炒めたりすれば、シチューやチャーハン、カレーなど1回分の食事は作れるはずです。

結論

スマホを活用して自分が持っている服などを撮影し、整理整頓しておけば、無駄なものを買わなくてすみます。スーパーに買い物に行く時も、冷蔵庫の中を撮っておけば、無駄な買い物をして冷蔵庫で腐らせるリスクがなくなる！

8 「クセ」を直せば、無駄が減る！

何気なく身についている「クセ」が、実は無駄遣いのもとになっているのです。

例えば、家に帰る途中に、何気なく寄るコンビニエンスストア。「これを買わなくては」というものはないのに、**なんとなく入って、なんとなく買い物をする。**コンビニでの1人当たりの平均購入価格は、500円台だそうです。**仮に、週に2回立ち寄ったとしたら、月にして4000円台になり、年間5万円を超えてしまいます。**

自動販売機も、なんとなく使う人が多い。水筒にお茶などを入れて持ち歩けばタダなのに、1日に1回、自動販売機で100円のコーヒーを買えば、年間約4万円の出費に。

いつも、なんとなくテレビをつけていて、時には消し忘れて家を出るといった人は、電気代の無駄。

買い溜めも、**やってはいけないクセの1つ。**本人は節約のつもりでしょうが、ストックがたくさんあれば、ついつい無駄に使ってしまいがちです。

本当に身につけなくてはいけないのは、目の前のものが、必要なのか不要なのかを的確に判断するクセです。これがあれば、ダラダラ買い続けている悪習慣をきっぱり断ち切ることができるはずです。

結論

なんとなくクセになっている悪習慣を断ち切れば、無駄も一緒になくなるはずです。そのためには、「自分にとって本当に必要かどうか」を常に自分で的確に判断するという良いクセを身につけなくてはいけません。

9 電気のアンペアを下げたら、節約の意識が生まれる⁉

最近、**電気代がかかるようになったというご家庭が増えています。**新型コロナウイルス感染予防のため外出を自粛したり、学校が休みになり子供が家にいたり、リモートワークで家族が家で仕事をしたりしたことが原因でしょう。

この電気代を節約する簡単な方法が、アンペア（A）を下げること。例えば、東京電力の場合、**40Aの基本料金は月1144円ですが、30Aでは月858円。**

電気料金は電気の使用量によって決まるので、使い方をまったく変えなければ、それほど下がりませんが、アンペアが下がると、一度に使える電気の許容量も減ります。万が一、それを超えると、ブレーカーが落ちて電気が使えなくなります。つまり、アンペア数を下げる前のように、**エアコンをかけながら電子レンジ、ドライヤー、ホッ**

トプレートを同時に使うという、電化製品の使いたい放題ができなくなるのです。

ブレーカーが落ちると困るので、電気を使う時には、家族で声を掛け合うようになる。注意して電気を使うようになれば、**自然に電気代もスリムになるでしょう。**

安い電力会社に代えるというのも手です。電力会社の変更は電話1本で、簡単に行えます。電力の自由化が進んでいますから、しっかり比較してみるといいでしょう。

結論

電気の使い放題を止めるには、アンペアを下げるのも1つの方法。
電気を使う時に、家族みんなで声を掛け合うようになれば、節電意識も高まります。
安い電力会社に乗り換えるという方法もあります。

10 家族の連携プレーで節約しましょう

すでにお話ししたように、節約は家族全員で取り組みましょう。**妻がエアコンの温度をこまめに調節しているのに、夫が冷蔵庫を開けっぱなしにするようなご家庭では、節約は進みません。**

例えば、**スーパーでの買い物も、家族みんなで協力**して。最近は、**複数のスーパーの特売チラシが見られるインターネットサイトなどもあります**（https://tokubai.co.jp「トクバイ」など）。こうしたサイトを参考にすれば、近所のスーパーの特売品がわかるだけでなく、家族の通勤途中にあるスーパーで安く売っているものもわかります。それをメールして、必要なら帰りがけに買ってきてもらうというような**連携プレーで、安い買い物ができます。**

車のガソリンも、今は安いガソリンスタンドがどこにあるかがすぐにわかるガソリンスタンド比較サイト（https://gogo.gs「gogo.gs」など）がありますから、もし、**家族の誰かが、安いガソリンスタンドの近くに行く用事があればついでに立ち寄り、ガソリンを満タンにしてくる**。これだけで、**1リッターにつき10円も違ってくるケースが**。

風呂も、家族が間をおかずに入れば、追い炊きが必要なくなります。あまりお金をかけずに作った節約レシピでも、揃って食べればおいしく味わえるでしょう。

結論

家族の連携プレーが、節約には大切。買い物や食事など、生活のあらゆる面で協力できる家族なら、無駄遣いも少なくなります。家族みんなで力を合わせれば、幸福度も増すでしょう。

11 子供の教育費も、聖域ではありません

子供にかけるお金だけは削れないと思っている親が多いようです。特に教育費は、絶対に削れないと思っているので、**小さな頃から、さまざまな習い事をさせている。**けれど、**それは本当に正解なのでしょうか。**

独立行政法人国立青少年教育振興機構が、日本、アメリカ、中国、韓国の4カ国の高校生を対象に行ったアンケート（2015年8月発表）では、日本の親子関係は良好で、子供は家庭生活に満足しているが、社会との関わりを避けようとする「内向き」志向が見られます。**「頑張れば夢が叶う」「社会で高い地位に就きたい」「金持ちになりたい」などという意欲は4カ国中最低。**そして、親の老後について「どんなことをしてでも自分で親の世話をしたい」と願う高校生の割合は、アメリカは51・9％、中

国は87・7％なのに対し、日本は37・9％とこれまた低い。

これからの時代、大切なのは学歴よりも、社会に出てたくましく、明るく、前向きに生きていける子供に育てること！

また、教育費は、高校、大学と進学していくにつれて、どんどん増えていきます。

それなのに、**小さなうちからお金をかけすぎていると、大きくなった時に資金不足で大学に行けなくなりますよ！**

結論

子供は、お金をかければ良く育つというものではありません。生活力があって、思いやりがあって、誰にでも好かれる子供を育てることこそ、子供を幸せにするのです。小さい時にお金を使いすぎるのも禁物。高等教育が受けられなくなりますよ！

第2章

コロナ時代の保険はどう選ぶ?

1 加入中の保険は、解約しても大丈夫？

新型コロナウイルスの影響で、収入が激減した人が増えています。中には、会社が倒産したり、倒産しないまでも自宅待機のままリストラされてしまったりした人もいます。

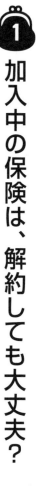

そうなると、家計をどう削っていくかが課題になりますが、**すでに食費や光熱費はギリギリまで削っているという人も多いでしょう。**

そこで、残るは生命保険となり、**保険の解約を考える人もいるかもしれません。**

だからといって、本当に解約してしまっていいのでしょうか。

いつもは、「保険を見直して、必要なければ解約も」とおすすめしているのですが、もし、会社をリストラされて厚生年金や健康保険がなくなるとなれば、話は少し違ってきます。

もちろん、必要以上に大きな保険に加入している人は、リストラされたら解約したほうがいいかもしれません。

けれど、**会社を辞めるとその分、公的保障が減るということも考えておかなくてはいけません。**

◆リストラされると、保険で必要な保障も増える

例えば、会社員の場合には厚生年金に加入していますから、専業主婦の妻や幼い子供たちを残して本人が死亡しても、子供が18歳になるまでは、遺族年金として月々15万円前後が支給されます。

しかし、**会社を辞めてしまえば厚生年金から外れ、国民年金に加入することとなり、遺族年金は月々10万円前後に下がります。**

子供を大学まで行かせたいと思っても、高校から大学まで、子供1人につき約1000万円が必要な時代（「日本政策金融公庫」調べ）、**遺族年金と母親の細腕《ほそうで》だけでは、とうてい進学させることは難しい**でしょう。

また、本人が病気になって働けなくなっても、厚生年金の場合、病気で会社を休んでいる間は給料の3分の2が傷病手当金として最長1年6カ月給付されます。ところが、国民健康保険には、こうした給付はありません。

ただし、**夫が会社員であっても、生涯安泰というわけではありません**。夫が死亡すると、妻は夫の扶養から外れることになりますので、以降は自分で国民年金や健康保険料を支払う必要があります。40歳に達していれば、介護保険料の支払い義務も生じます。

いずれにしても、しっかり貯金がある人はいいのですが、それほど蓄えがないという人ほど、戸惑ってしまうことになります。

ですから、**新型コロナウイルスで生活が苦しくなったという人は、保険を「やめる」という選択の前に、イザという時に必要な資金が確保できているのかどうかを確認し**ましょう。

保険を解約してしまったら不安だという人のために、保険料を支払わずに保険に加入し続ける方法は次の項でお話しします。

結論

生活が苦しくなれば、見直すべきものの筆頭にくるのが生命保険料ですが、解約は慎重に。
特に、リストラされて会社員でなくなると、公的保障もその分だけ減ります。見直しは、イザという時に困らない範囲にとどめておきましょう。

2 コロナ禍の間、保険料を猶予してもらえる!?

新型コロナウイルスの影響で収入が激減し、「どうしても、生命保険料が払えない」という人もいることでしょう。

ただ、だからといって保険を解約してしまうと、前述したように、もしかしたら資金が足りなくなってイザという時に困ることになりかねません。

そこで、このコロナ禍さえ乗り越えられれば、あとはなんとかなりそうだという人におすすめなのが、**保険の「猶予期間」を利用する方法**です。

生命保険に加入している人が**保険料を払わないと、保険契約がすぐに失効する（保障が受けられなくなる）わけではありません。**

生命保険では、図表2－1のように、月払いの場合だと「払込期月の翌月の1日か

図表2-1　払込期月と払込猶予期間

〈月払いの例〉
契約日が、ある年の4月10日の場合の払込期月と払込猶予期間
(月単位の契約応当日が10日で、5月の保険料払い込みがストップした場合)

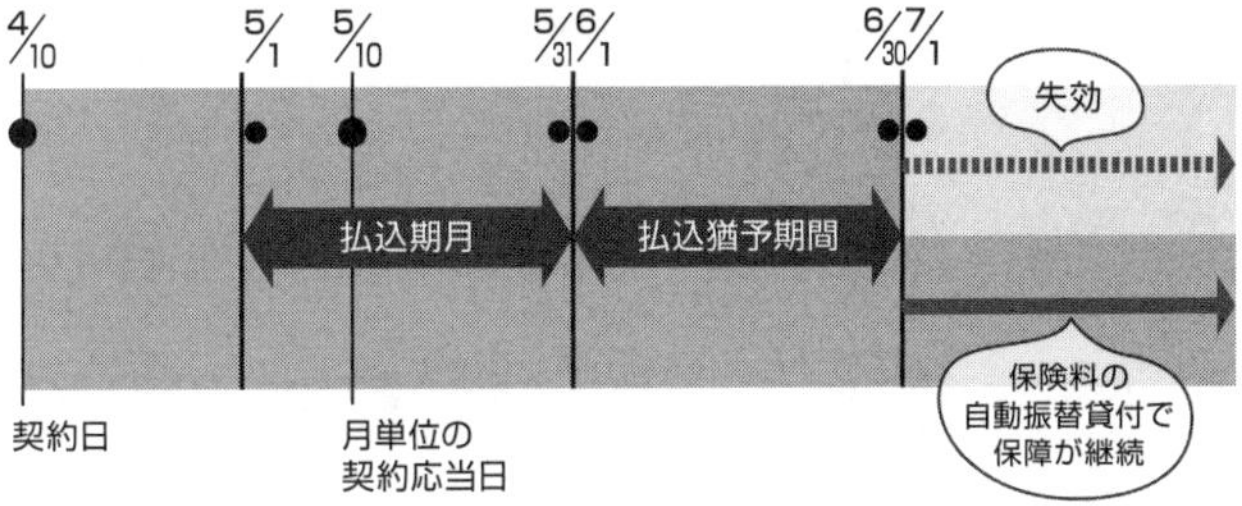

出典:公益財団法人 生命保険文化センター HP をもとに作成

ら末日」までは、支払いを待ってくれる猶予期間があります。

例えば、4月10日に保険の契約をしていたら通常は翌月5月10日に保険料を支払わなくてはなりませんが、**「払込期月の翌月の1日から末日」までは猶予が**適用されるので、6月末までに保険料を支払えば、保険契約は失効しません。

つまり、**この猶予期間を使えば、1カ月から2カ月近くまでは保険料を支払わなくてもいいことになります**。その間も、保障は継続していますから、亡くなれば死亡保険金が出ますし、病気で入院(通院)したら給付金も出ます。

◆コロナ禍で、猶予期間が7カ月近くまで延びている！

実は、新型コロナウイルス感染拡大を受けて、**多くの保険会社でこの猶予期間が、最長6カ月間延長されています**。つまり、すでにある猶予期間と合わせて、保険料を支払わなくても、最長7カ月近くはその保険に加入し続けられるということです。もちろん、その間は保険に加入しているわけですから、**あらかじめ契約した保障は受けられます**。

仮に、**猶予期間中に死亡した場合には、契約どおりの死亡保険金が支払われます**。ただし、その中から、猶予期間に応じて支払わなかった分の保険料は差し引かれることになっています。

また、猶予期間中に、病気やけがで入院した場合には、あらかじめ契約した入院（通院）給付金が支給されることになっています。

ただし、**この猶予期間を利用するためには、保険会社への申請が必要**です。また、**猶予期間が終了した時点で、猶予されていた期間の保険料をまとめて支払う**ことになります。

ですから、**猶予期間中に新しく生活の基盤を立て直し、少しでも収入を増やせる見込みを立てておく**ことが必要となってきます。

結論

生命保険は、保険料が支払えなくなってもすぐに失効してしまうわけではありません。
通常は1カ月の支払いの猶予期間があります。
コロナ禍では、最長6カ月プラスされて延長され、猶予期間中は保障が続きます。

3 自宅療養でも入院給付金がもらえる

新型コロナウイルスに感染した人すべてが、入院して治療を受けるわけではありません。医療崩壊を防ぐために、軽症の人は、自宅や自治体が用意したホテルなどで経過観察を行いながら療養することになります。

ただ、こうした場合に、生命保険の「入院給付金」はもらえるのでしょうか。

医療保険で支給される給付金は、「入院」が条件になります。

最近は、「通院」だけでもＯＫという保険もありますが、基本的には入院して、そのあとに通院した場合というケースが多いです。

ですから、入院すると「病気入院で日額〇〇〇円」といった入院給付金が支給されます。

問題は、**新型コロナウイルス感染で軽症の場合、自宅や宿泊施設で療養するケースが多くなる**こと。

これは、元々の規定では入院とはいえませんが、**新型コロナウイルスに限っては、ほとんどの保険会社が「みなし入院」として入院扱いにし、入院給付金を支給しています**。療養が医師の指示に基づいたものであれば、療養中の検査結果が陰性でも支給されます。

◆新型コロナウイルス感染も「災害割増特約」の対象に

新型コロナウイルスに感染し、お亡くなりになる方も出てきています。

もちろん、死亡した場合には、通常の死亡保険金が支給されますが、新型コロナウイルスによる感染が原因で死亡した場合は、保険金の上乗せがあります。

通常の生命保険では、災害や不慮の事故などで死亡した場合には、通常の保険金に

「災害割増特約」が上乗せされて支払われます。

この**「災害割増特約」には、感染症も含まれるので、新型コロナウイルス感染による死亡も対象となる**のです。「災害割増特約」は、死亡保険金と同額まで付加できるので、多くの人が付けているでしょう。

例えば、**死亡保険金が1000万円で「災害割増特約」が1000万円の契約の場合、死亡時の保険金は2000万円**になります。

また、**かんぽ生命の「保険金の倍額支払」の制度には新型コロナウイルス感染症も含まれ、死亡保険金が倍増**します。これは基本契約で、全国の加入者約1600万人が対象です。

政府は、新型コロナウイルス対策として、電話や情報通信機器を使った診療をすすめています。2020年4月7日には、**「新型コロナウイルス感染症緊急経済対策」**を閣議決定し、非常時の対応として、**オンライン・電話による診療、服薬指導を希望**

する患者に活用できるような制度の見直しに着手しています。

アフラック生命などではオンライン診療も通院とみなし、「通院給付金」を支給します。さらに、**マニュライフ生命では新型コロナウイルス感染症と診断されたら一律5万円の見舞金を支払う**など、対応は保険会社によります。

今後、こうした対応は、他の保険会社にも広がっていくことでしょう。

結論

新型コロナウイルスに感染し、軽症で自宅療養の場合でも、医師の指示に基づいたものであれば、通常は出ない入院給付金が出ます。
死亡した場合には、「災害割増特約」があれば保険金は2倍に。
また、オンライン診療が給付の対象になる保険も出てきています。

4 バブル期に加入した生命保険は解約したら大損！

運用利回りが高い時期（バブル前後）に加入していて、解約してはもったいない生命保険の場合、その**保険を担保にお金を借りることができます**。

生命保険は、加入した時に運用利回り（予定利率）が決まり、その利回りのまま最後まで運用されます。

例えば、**バブルの頃に終身保険に加入していた人などは、この運用利回りが5・5%と高い**。ですから、現在のような超低金利の時代の中でも、5・5%という考えられないほど高い利回りで生命保険が運用されているのです。

それが、どんなにすごいかは、図表2－2を見ればわかるでしょう。

バブルがはじけるまで、なんと5・5%の高利回りで運用され、バブルがはじけて

図表 2-2　生命保険会社の標準的な予定利率の推移

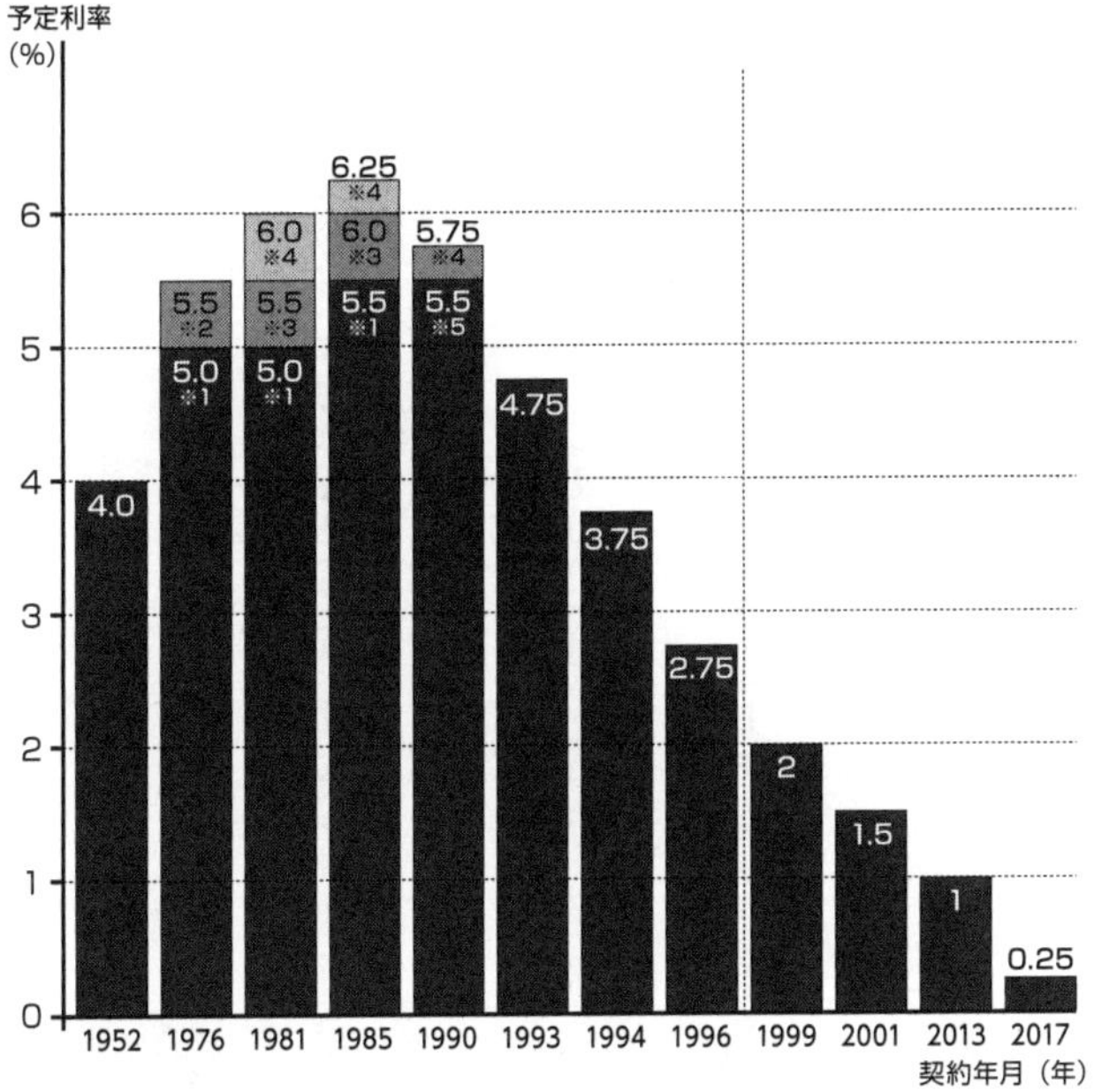

注）保険期間によって予定利率が異なる期間あり。
　　n を保険期間とすると、
　　※1：20 年<n
　　※2：n≦20 年
　　※3：10 年<n≦20 年
　　※4：n≦10 年
　　※5：10 年<n
　　一時払い商品を除く。1996 年 4 月以降は標準利率。

出典：「生命保険のダイエット」HP をもとに作成

も1993年3月までは、5・5％が続いていたのです（4月以降は4・75％）。

その後、運用利回りは段階的に下がっていきますが、1999年3月までは2・75％という高利回りでした（4月以降は2％）。ちなみに、現在の運用利回りは0・25％ほどですから、とても信じられない高利回りということがわかるでしょう。

そして、現在の**低金利時代でも、高金利時代に加入した人の保険は、当時の高金利のままで運用されています**。

例えば、30年前、35歳の時に1000万円の貯蓄型終身保険に加入し、65歳で保険の支払いが終わった人がいたとします。

この人の場合、65歳からは**保険料を支払わないのですが、死亡すればいつでも1000万円の保険金を受け取ることができます**。これは、すでに65歳までに、一生涯の保障が受けられる分だけの保険料を払い込んでしまっているからです。

貯蓄型保険の場合、途中で解約しても、一生涯の保障にあてるはずのお金を、解約返戻金《へんれいきん》としてもらうことができます。

それが、どれだけすごいのかを見てみましょう。

65歳で生命保険を解約した場合の解約返戻金は約400万円、75歳では約570万円、85歳になると約730万円で、95歳で解約すれば約880万円になります。

解約しなければ、加入後、何歳で死亡しても、1000万円の死亡保険金を受け取れることになっています。

◆どうしても苦しければ「契約者貸付」で当座をしのぐ

普通に考えたら、加入後、いつ亡くなっても1000万円の保障が受けられる保険料を65歳までに払い込み、それ以降は保険料を支払わないのですから、生涯の死亡保障にあてる貯蓄部分の保険料は、年齢が上がるに従って目減りしていく気がします。

ところが、**年齢が上がれば上がるほど、解約した時にもらえる解約返戻金が増えて**

いくのは、預けたお金が5・5%という高利回りで運用されているからです。つまり、保険会社は65歳時点で払い込まれたお金の中から1000万円の死亡保険金を負担しても、なお、運用で増えていく金額のほうが大きいということです。

こうした保険を、家計が苦しいからと解約したらもったいない。そういう時には、保険を解約しなくてもまとまったお金が手に入る「契約者貸付」を使いましょう。

契約者貸付は、解約すると戻る解約返戻金の7~8割までを貸してくれる制度。この契約者貸付には、通常は、加入している保険の運用利回りよりやや高い金利が付いていますが、**新型コロナウイルスで困っている人が貸付を受ける場合には、実質的な無利息で借りることができるケースも。**

契約者貸付は解約返戻金が担保になるので、審査も簡単で現金が早く手に入ります。もちろん返済は必要ですが、たとえ**返済できなくても、保険を解約した際に受け取る**

解約返戻金から借りた分が差し引かれることで相殺されます。

家計が厳しいために保険を解約すると、保障がすべてなくなってしまいます。それが心配だという人は、契約者貸付でお金を借りるといいでしょう。

それを元手に、生活の立て直しをはかることができます。

そして、なんとか暮らしが正常に戻って、収入が確保できるようになったら、契約者貸付で借りたお金を返せばいい。生命保険を解約しなければ、その間の保障はなんとか確保できますから。

結論

運用利回りが高い時期に加入した貯蓄型の生命保険は、今のような低金利の中でも、最初に決められた高い運用利回りで運用されて解約返戻金が増えていきます。

お金がないからと、やみくもに解約するよりも「契約者貸付」を使い当座をしのぐのが得策かも。

5 保険料を払わなくても加入し続けられる方法がある!?

50ページでもお話ししたように、保険料を払えなくなっても**「猶予期間」を使えば、その間は保険料を支払わなくても保障を続けられます。**

ただし、猶予期間の間の保険料は免除されますが、それが終われば、その間の保険料をまとめて支払わなくてはならないことはすでにお話ししました。それだけの蓄えができるか不安だという人もいることでしょう。

実は、**まったく保険料を支払わなくても保険に加入し続けられる方法があります。**

1.「払い済み保険」にする
2.「延長保険」にする

2つの保険については、次の項で詳しくお話ししますが、どちらも以降の保険料を支払わずに保険に加入し続けられます。**ただし、保険についている特約は消滅**してしまいます。

多くの方は、死亡保障が主契約となっている保険に加入し、特約として入院や通院などをつけているのではないでしょうか。この2つの方法を利用した場合、**死亡保障は残せるけれど、入院や通院などの特約は外さなくてはならない**ということです。

結論

保険を、「払い済み保険」や「延長保険」に変更すれば、以降の保険料は支払わずに保障が確保できます。
ただし、変更前の保険についていた特約は外さなくてはいけなくなるので注意したほうがいいでしょう。

6 「払い済み保険」なら、解約返戻金ももらえる⁉

「払い済み保険」というのは、簡単に言えば、**契約時よりも保障額は小さくなるが、一定期間は保険料を支払わずに保険に加入し続けることができる**というもの。保険を解約した時には、ある程度の解約返戻金を手にすることができる場合が多いです。

68ページの図表2－3を見るとわかるように、「払い済み保険」にすると、そこから先の保険料の支払いは中止できます。つまり、**保険料の負担なく保険に入り続けることができる**ということです。

ただし、保障される金額は下がります。例えば、それまで死亡時に3000万円が支払われる保障がついていたとしたら、これが1500万円、あるいは1000万円まで下がってしまう可能性があります。

図表 2-3　払い済み保険への変更

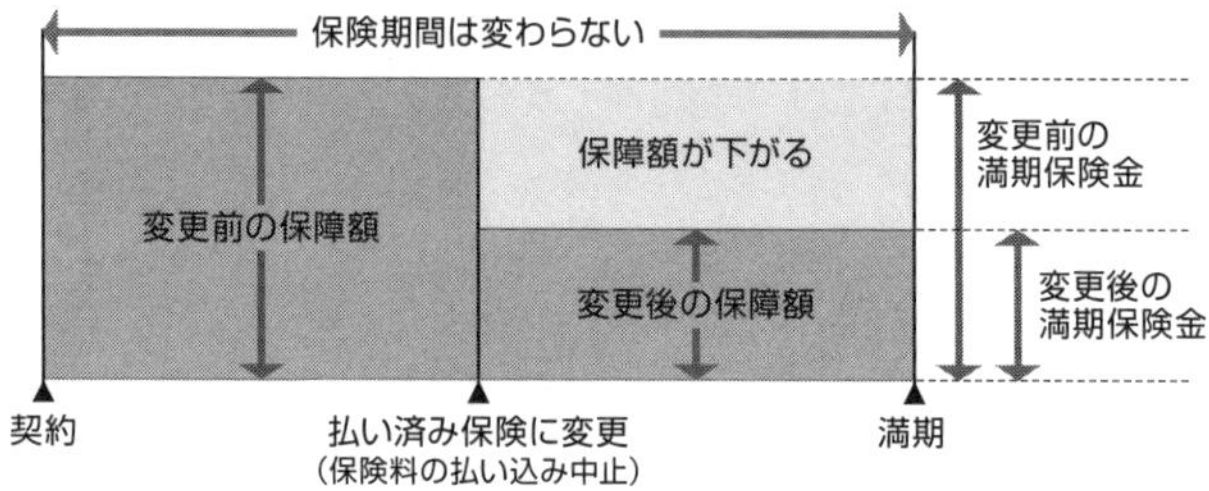

注）付加している各種特約は消滅する。
ただし、リビング・ニーズ特約は継続するのが一般的。
解約返戻金が少ない場合、変更できないことがある。
また、保険の種類などによっては、利用できない場合がある。

出典：公益財団法人 生命保険文化センター HP をもとに作成

◆もらえる額が目減りする⁉

では、どんな人が払い済み保険にするといいのでしょうか。

例えば、**「リストラされてしまったので生命保険の保険料は支払えないが、とりあえず、子供が大学を出るまでは、1000万円の死亡保障がないと不安だ」**という人です。

この場合、解約返戻金や、満期になった時にもらえる満期保険金の一部が保険料に充当されるために、**受け取れる金額は予定より目減りすることもあります**。ただ、運用利回りが高い時期に貯蓄型の保険に入っている人は月々支払っている保険料が高い利回りで運用されて増えているので、「払い済み保険」に変更したあとで子供が大学を卒業するなどして保険を解約したら、**解約返戻金が増えている可能性があります。**

「払い済み保険」にすると、一般的に**「リビング・ニーズ特約」は継続しますが、他の各種特約は消滅**します。

「リビング・ニーズ特約」とは、医師から余命6カ月以内と診断された場合、死亡後に受け取る死亡保険金の一部、あるいは全額を、生前に受け取れる特約です。

結論

貯蓄性のある保険に加入していたなら、「払い済み保険」に変更すれば、保障額は小さくなりますが、あらかじめ契約していた保険期間内は、保険料を支払うことなく保険に加入し続けることができます。ただし、リビング・ニーズ特約以外の各種特約はなくなります。

7 「延長保険」なら、保障額は減らない

解約したり満期にお金が戻ってきたりする貯蓄型の保険の場合、あらかじめ契約していた期間よりも保障期間を短くすることで、**同じ保障額の保険に加入し続けることもできます**。

これが「延長（定期）保険」です。

例えば、中学生の子供が2人いる男性が、死亡時の保障が2000万円の貯蓄型の保険に加入していたとします。

もしリストラされてしまえば、保険料の支払いも厳しくなり、解約することを考えるかもしれません。しかし、子供が大学を卒業するには、1人約1000万円の教育資金がかかると言われている時代です。**2人の子供がこれから大学まで進学するとす**

れば、約2000万円の教育資金が必要になります。

こうしたご家庭の場合、大黒柱のご主人が他界してしまうと、生活費はなんとかできても子供の教育費の工面がつかなくなってしまいます。

ですから、**イザという時に備えて子供1人につき1000万円くらいの保険に加入しておかなくてはなりません**。もし、現在２０００万円の保険に入っていたとしたら、この保険を延長保険に変更して、保険料を支払わなくても保障額が下がらないようにして、子供たちが大学を卒業するまで入り続けるという方法があります。

◆延長保険に切り替えて保険料を減額する

月々の保険料が負担になってしまい、支払いを続けられない。けれど、子供が大学を卒業するまでは今と同じ２０００万円の死亡保障を受けたいという場合、延長保険

図表 2-4　延長(定期)保険への変更

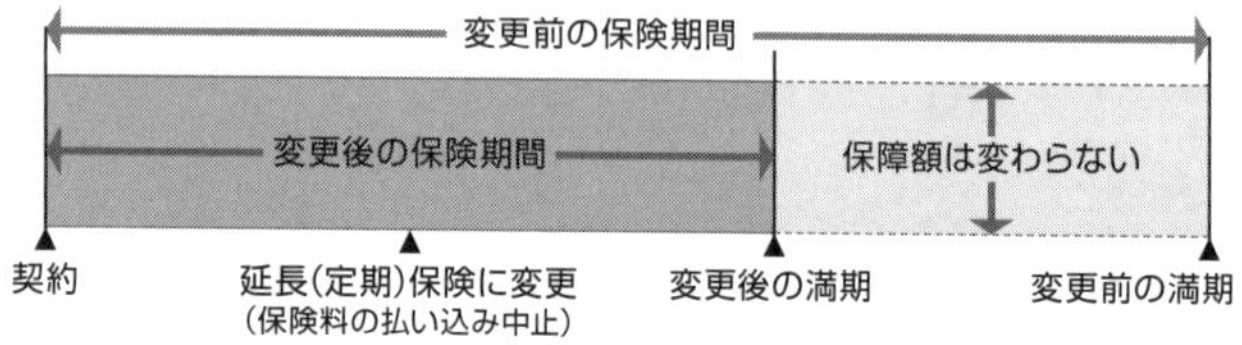

注）死亡保険金はもとの保険と同額だが、保険期間が短くなることがある。付加している各種特約は消滅する。解約返戻金が少ない場合、変更できないことがある。また、保険の種類によっては、利用できない場合がある。

出典：公益財団法人 生命保険文化センター HP をもとに作成

に変更すれば、今まで払い込んできた保険料が死亡保障の支払いにあてられます。図表2－4を見るとわかるように、**保障期間は短くなりますが、保険料を支払わなくても同じ保障額の保険に入り続けることができます。**

子供が大学を卒業して社会人になったら、もう大黒柱に頼ることなく、自分たちの力で生きていくことはできるので、保険は解約してもいいでしょう。

つまり、延長保険は、保険の契約時より保障期間は短くなるけれど、解約返戻金を元手に、同じ額の保障を得られるのです。

ただし、**延長保険にすると、払い済み保険と同様、リビング・ニーズ特約は継続しますが、他の各種特約は消滅します**から注意しましょう。

結論

貯蓄型の保険なら、保険料が支払えなくなっても、
延長保険にすることで同じ保障を受けることは可能。
ただし、保障期間は、当初の予定よりも短くなり、
さらに各種特約は消滅するので注意しましょう。

8 大きな保険をやめて、コンパクトな保険に加入し直す

生命保険の保険料を安くするためには、もっとシンプルに、小さな保険に入り直すという選択もあります。

例えば、多くの人が加入している、一生涯を保障する終身保険に特約として一定期間の保障が受けられる定期保険をのせた、**「定期付き終身保険」**という保険があります。

こうした保険の場合、**上乗せされている定期部分を減らせば、その分、保険料は安くなります**。ただ、保険の中には、自分の思うように保障を削れないものもあります。

その場合には、その**定期付き終身保険をやめて、掛け捨てで保険料の安い保険に加入し直すという選択**もできます。

その時に気をつけたいのが、**保険を加入し直す時には、まず先に乗り換える保険会**

社と契約してから、すでに加入している保険をやめることです。

先に今の保険をやめてしまうと、新しい保険に加入しようとした際、病気が発見されて審査が通らないということが起きる可能性があるからです。また、**新しく加入する保険は、必要最低限の保障にとどめ、支払いをなるべく安くする**ことです。

では、必要最低限の保障とは、どれくらいの金額でしょうか。

◆死亡保障は子供の教育費を助ける

死亡保障については、子供が大学を卒業するまで1人約1000万円が必要ということは、すでにお話ししました。

幼い子供たちを残して大黒柱が死亡してしまったという場合、**子供が18歳になるまで、公的年金制度から、サラリーマンなら月々15万円程度、自営業なら月々10万円程度の遺族年金が支給されます。**

故人に住宅ローンがあれば、ほとんどの場合、ローンを組んだ時に加入している団体信用生命保険と相殺されてゼロになります。

ですから、**サラリーマンの夫が亡くなって子供が2人残されても、ローンのない住まいに住み、月々15万円前後の遺族年金が支給されれば、親子3人、なんとか暮らしいくことはできるでしょう。**

ただ、日本では、高等教育無償化対象外の家庭では、子供1人あたり約1000万円なければ、高校から大学まで進学させることができません。1人約1000万円の教育費を確保するとなれば、妻のパートだけでは難しい。ここで、生命保険が必要ということになります。

医療費については、**日本は医療保険が充実**していて、しかも高齢になるほど自己負担額は少なくなる仕組みになっていますから、それほど心配はいらないでしょう。

ちなみに、**健康保険対象の治療を受ける場合、半年入院しても治療費の自己負担額**

は40万円程度。高齢者は、さらに安くなります。

それくらいの現金は、イザという時のために用意しておきましょう。

結論

大きすぎる保険に入っていたら、小さな保険に入り直す。
新しい保険は、なるべくコンパクトに、必要最低限の保障の確保に徹しましょう。そして、新しい保険に入ったあとに、前の保険を解約するという順序を守ること。

9 保険は掛け捨てで、ネット保険に入りましょう

これから入るなら、生命保険は「掛け捨て」にしましょう。なぜなら、**貯蓄型の保険に入っても、貯蓄額が増えない**からです。

貯蓄型の保険というのは、保険と貯金をセットにしているようなものですが、この貯蓄部分の運用利回りが、現在は0・3%ほど。

0・3%なら、銀行の預金より利回りが高いのではないかと思う人もいることでしょう。

けれど、**保険と預金では、決定的に違う**ところがあります。預金の利回りは、0・01%ですが、1万円預けると、その預けた1万円に対して0・01%の利息がつくので、預金をいつ下ろしても、預けた1万円を割るということはありません。

けれど保険の場合には、１万円の保険料で支払うと、その中から死亡保障や入院保障などにあてる分のお金が引かれ、さらに保険会社の経費が引かれた残りが０・３％で運用されていくので、なかなか最初の１万円には戻らないのです。

ですから、これからは**「保険は保障を掛け捨てで買うもの」「貯金は現金でしていくもの」と割り切ったほうがいい**でしょう。

◆保険料で人件費まで払うのはもったいない！

これから新しく保険に入るという人は、**インターネットから申し込む「ネット保険」を選ぶことで、保険料を安く抑える**ことができます。

生命保険は、厚生労働省が発表している「生命表」や「患者調査」などのデータから算出された日本人の平均死亡率や入院確率をもとに、保障額が決定されます。どの保険会社も同じデータを使っているので、保障額に対する保険料はみんな同じ。

では、なぜネット保険が安くて、そうでない保険が高いのかといえば、**対面で販売**

する保険は、人件費がかかりますからその分、高くなります。けれど、ネット保険は、自分で保障額を決めて試算して、納得がいったら加入するという一連の流れをオンライン上で行いますので、**人件費がかからないだけでなく、必要最低限の保障を選ぶことができます。**

インターネットで保険に入ると聞くと、対面でなくて大丈夫なのだろうかと心配になる人もいると思います。

契約については、インターネットできちんと手順を踏んで行えば問題はありません。また、ネット保険ももちろん生命保険協会に加入しているので、何らかの問題が起こったとしても対面販売の会社と同様に守られます。

生命保険は、契約後のアフターフォローのない商品です。死亡したら死亡保険金が出る、入院（通院）したら給付金が出るというだけのもので、**死亡や入院は自己申告。亡くなった人の死亡証明書を取り寄せたり、自分で入院証明書をもらったりして申告**

しないと、保険金や給付金は出ません。

つまり、**自分で手続きしないとお金がもらえない**のですから、対面販売のメリットはあまり感じられない。だとすれば、**保障額は対面販売と変わらず、保険料が安いネット保険を選ぶべきです。**

結論

生命保険は、日本人の死亡率や入院確率がもとになりますが、会社によって保険料に差があるのは、人件費など保険の販売にかかる経費がそれぞれ違うから。ですから、これから保険に入る人は、掛け捨てで、ネット保険に加入するのがお得です。

第3章

住宅ローンを無理なく返済

1 コロナ禍で住宅ローンが払えなくなる人が急増

新型コロナウイルス感染拡大による緊急事態宣言は、2020年5月25日に全国で解除されました。ですが、感染者は増え続け、8月25日時点で国内の感染者が6万人を超えるなど、まだまだ安心できる状況ではありません。

経済への影響は深刻で、これからますます困窮する人が増えてくるのではないかと思います。

5月には、大手アパレルメーカーのレナウンが破綻して民事再生の手続きを開始し、「あんな大手が！」と、驚いた人もいたと思います。

倒産まではいかなくても、大手旅行会社のＨＩＳが、ボーナスなしばかりか、給料カットの危機に陥っています。

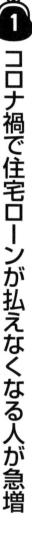

そうなると、**私たちの生活で特に問題となるのが住宅ローンです。**

住宅ローンサービスを運営するＭＦＳ（東京・千代田区）によれば、新型コロナウイルスの影響で、**すでに住宅ローンの返済が苦しくなっている人が約４割、今後、苦しくなっていくだろうと予想している人まで含めると、約７割の人が住宅ローンの返済に不安を抱いている**ようです。

住宅金融支援機構の住宅ローンの支払いに関する相談件数も急激に伸びていて、**今年２月には15件だった相談件数が３月は２１４件に、４月は１１５８件**となって、現状では電話がつながりにくくなっています。

相談は、「今月分の支払いができない」という切羽詰まったものから、「収入が減りそうなので、ボーナス払いをやめたい」などという今後を案じてのものまで、さまざまなようです。

◆困った時は金融機関に相談を！

こうした中で、**金融機関も住宅ローンの返済相談に積極的に乗り出しています。**

住宅ローンは、借りている側にとっては「返せなくなる」というリスクがあります。一方、貸している側の銀行などにとっては、「貸したお金が回収できなくなる」というリスクがあります。

リーマンショックの時もそうでしたが、**最終的に返済できずに借り主に自己破産されてしまうと、金融機関は貸したお金を回収できなくなってしまいます。**

お金を借りているほうの立場が弱いわけではなく、貸主である金融機関にとっても「返済されない」ということは大きな打撃になります。だからこそ、「とにかく相談してください。悪いようにはしません」と、大々的に呼びかけています。

住宅ローンには、政府の支援はほとんどありません。

控除などを受けることで、多少は税金が安くなる人もいるでしょうが、今借りている住宅ローンを返済できないという人は、借りている金融機関と話し合いながら、**各金融機関が打ち出している対策に沿って対処**していくしかありません。

結論

新型コロナウイルスの影響で経済活動が停滞し、住宅ローンが返せなくて困る人が増えています。しかも、この先ますますこうした人は増えそうです。金融機関も大変な状況にあるので、相談すれば対策を考えてくれることを覚えておきましょう。

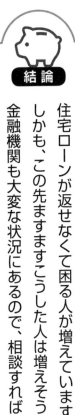

2 住宅ローンが返せなくても、絶対にやってはいけないこと

給料や売り上げが減ってしまって、住宅ローンが払えない人が増えているせいか、今、銀行の窓口では相談する人の順番待ちで混み合っているところが出てきました。

住宅ローンは、返済が1日遅れただけでも、借りている銀行からは催促の電話がきます。督促状も届きます。

これらの催促をそのまま放置しておくと、のちのち大事《おおごと》になることは覚えておいたほうがいいでしょう。

銀行では、普通2カ月間支払いがないと、事故物件ということでブラックリスト入りしますが、中には1カ月支払いがなかっただけでも事故物件扱いになるケースもあ

ります。そうなると、「なんとかしなくては」と思い、自力でお金を工面しようとする人がいます。特に、年配の会社員の場合、体面もあるので「返せなくなりました」と銀行にはなかなか言えず、手軽に借りられるキャッシングなどでお金を都合して返すケースもあります。

「住宅ローンが返せない」からといってキャッシングに走ることは、絶対にしてはいけません。なぜなら、今月はなんとかそれで無事返済できても、来月、再来月とコロナ禍が長引けば、そのたびにキャッシングの残高も増えていくことになるからです。

◆安易なキャッシングの先には借金地獄が待っている！

いったん下がった給料や収入は、よほどのことがない限り、すぐに元に戻ることはないと思ったほうがいいでしょう。給料を下げるという決断に至るまでには、会社もかなりのダメージを受けているはず。また、取引先もコストカット意識が高まっているため、いったん取引を減らすと、すぐに従来どおりの仕事の発注はできないケースがほとんどだからです。

そうした**厳しい状況の中で、住宅ローンが返せないからと安易にキャッシングに手を出すと、借金地獄にはまる危険があります**。特にキャッシングの金利は15〜18％と高利ですから、いったん借りると借金が雪だるま式に膨れ上がる恐れがあります。

一方、**金融機関にとっても、「住宅ローンを返済するために他の金融業者からお金を借りて住宅ローンを払う」というのは、最もしてほしくないこと**なのです。

借りる相手が身内ならいいのですが、業者の場合、貸し付けの際に、住宅ローンの残っている家に二番抵当、三番抵当を付ける可能性もあり（一番抵当はお金を借りている金融機関が付けます）、そうなるとトラブルが起きやすくなり、のちのちの対処が難しくなるケースがあるからです。

余計なトラブルに巻き込まれないためにも、困ったらすぐに住宅ローンを組んでいる金融機関に相談する。今は、それがベストな方法です。

結論

返済が1日でも滞れば、住宅ローンの督促は翌日にでもやってきます。慌ててキャッシングに走ると、二重ローンを抱えて、それこそ破綻への道を転がり落ちていく恐れがあります。返せなくなったら、早めに住宅ローンを組んでいる金融機関に相談することです。

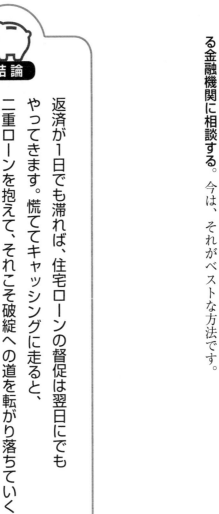

3 金融機関から提示される3つの方法

まず、ひとつ目のノウハウです。住宅ローンが払えなくなって金融機関に相談したら、どんなことを言われるのだろうかと心配な人は多いと思います。

金融機関には多くの人が相談に来るので、「返済が困難になったお客様には、こう対処しよう」というノウハウが蓄積されています。主に次の3つに集約されます。

1．返済期間を延ばす

2．一定期間だけ、返済額を減らす

3．ボーナス返済を見直す

本当に大変な状況にある人に対しては、1と2を組み合わせるなどして臨機応変に対応しているので、困ったら相談してみましょう。金融機関が返済猶予などの条件変更に迅速かつ柔軟に対応するよう、金融庁からの強い要請も出ています。

３については、現状では困っていない人も、イザという時のために知っておいたほうがいい方法です。

結論

住宅ローンが払えなくなると、金融機関に相談しにくくなるものです。

ですが、返済できずに困っている人がたくさん相談しているので、金融機関では対処法のノウハウが確立され、担当者に共有されています。

そのため、なるべく早めに相談するべきです。

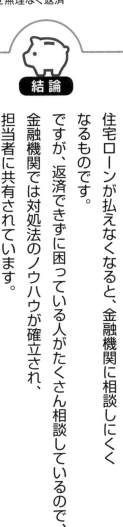

4 返済期間を延ばすと、住宅ローンの総返済額は増える

「返済期間を延ばす」というのは、文字どおり、あらかじめ設定してある返済期間を、さらに先に延ばしてもらうことです。

今までは順調に返済していたけれど、新型コロナウイルスの影響で給料が減って、同じ金額を返せなくなってしまったという場合、住宅ローンの完済時期を延ばしてもらうなどして返済スケジュールを組み直してもらう、いわゆるリスケ（リスケジュール）ということが行われます。

具体例で見てみましょう。

例えば、10年前に、30歳で金利1・5％、35年の完済予定で3000万円の住宅ローンを借りたと仮定します。月々の返済額は、9万1855円（ボーナス払いなし）。

ところが、収入が減って月々約９万円の支払いが困難になってしまったとします。この場合、残っている住宅ローンの返済期間は25年ですが、この期間を延ばしてもらうのです。延ばす期間は最長で35年までとなります（ただし、交渉次第でさらに延びることもあります）。残りの返済期間を25年から最長の35年まで延ばした場合の返済額を見てみましょう。

〈現状〉

残り25年で返す↓月々の返済額は９万１８５５円

〈返済期間を10年延ばす〉

残り35年で返す↓月々の返済額は７万３３０円

つまり、返済期間を10年延ばしたことで、月々の返済額は約２万円（２万１５２５円）少なくなります。

ただ、この**方法には主に2つのデメリットがあります。**

◆年金生活を送りながらローンを返すのは至難の技

1つ目のデメリットは、返済期間が延びることで、延々と住宅ローンが続くこと。月々の返済額が減れば、家計にとっては支払いの負担が減るので楽になりますが、その分、住宅ローンの完済が後ろにずれ込みます。

住宅ローンを20年や25年で組んでいれば、完済時期が多少後ろ倒しになっても大丈夫でしょうが、今は30年、35年ローンが主流。仮に**30年ローンを10年間後ろ倒しすると、40年間返済し続けることになり、30歳で借りたとしたら完済は70歳。**

70歳といえば、リタイアして年金生活を送っている人も多いと思います。年金生活の中で住宅ローンを支払っていくのは至難の技でしょう。

２つ目のデメリットは、年数が長くなる分、利息も長く払うため、総返済額が増えます。95ページで紹介したケースでは、総返済額が２００万円以上増えることになります。

35年かけて返していくので、総額は２００万円増えても、月々の支払いにすれば５０００円程度増えるだけ。でも、払う必要がなければ払いたくないですよね。

◆「期間延長」のデメリットの対処法は？

返済期間を延ばしたことで発生する２つのデメリットは、どう解消すればいいのでしょう。

それには、２つの対策が考えられます。

１つ目は、コロナ禍が収まって給料も減らずに済みそうなら、**再度スケジュールの組み直しをしてもらい、返済期間を元に戻してもらうこと。**

月々の返済額は再び増えますが、以前に戻ったと思えばなんとかやっていけるでしょう。

2つ目は、**積極的に繰り上げ返済をすること**。

コロナ禍では手元に現金がなければ不安です。ですから、貯金を切り崩して住宅ローンの繰り上げ返済に回すということもなかなかしにくいでしょう。

ただ、こうした**危機が去って、収入も以前のような状況に戻れば、貯金もある程度までは取り戻すことができます。その時、真っ先にしたいのは、借金の返済です。**

借金は、金利の高いキャッシングなどから返済していくべきですが、余裕があったら住宅ローンも繰り上げ返済しておいたほうがいいでしょう。

例えば、前述の金利1・5%、3000万円の住宅ローンを借りて、10年目に残りの返済期間を25年から35年に延ばしてもらったケースでは、コロナ禍が去って1年後に１００万円を繰り上げ返済すると、約2年間、返済期間が短縮されます。

こうして、早い時期に繰り上げ返済を行えば、契約時に決めた65歳までの返済期間を短縮することもできるでしょう。繰り上げ返済は、早くやればやるほど、利息の支払いを少なく抑えられるというメリットがあります。

結論

住宅ローンの返済が苦しい人は、払い終えるまでの期間を延ばすことによって、月々の返済額を下げることができます。ただし、返済期間を延ばすと、老後が苦しくなるだけでなく、総返済額も増えます。コロナ後に元の返済期間に戻すか、積極的に繰り上げ返済をしましょう。

5 一定期間、返済額を減らすと将来の総返済額は増える

家計がピンチの「一定期間だけ、返済額を減らす」のが2つ目のノウハウです。

収入の目減りが一過性のもので、1年もしたら経済状況も元に戻りそうだという場合、家計が**苦しいその期間だけ住宅ローンの返済額を、返せる額まで下げてもらう**のです。

家計が苦しい間は、返済額を減らしてもらえますが、**経済状況の立て直しができれば支払額は元に戻り、減額されていた分は、元の返済額に上乗せされて徴収されることになります**。

この場合、家計が苦しいからと言って、住宅ローンの返済を免除してくれるという金融機関は、ほとんどないと思ったほうがいいでしょう。**「払わなくてもいい」**ので

はなく、あくまで「減額しながら満額支払う」なのです。

◆元金据え置きで、利息だけを払う

「一定期間だけ返済額を減らす」という方法で多いのは、収入が目減りした分に合わせて、現在の返済額を３割減らす、４割減らすといったものです。

例えば、月々10万円を支払っている人なら７万円、もしくは６万円にしてもらうことになります。

ただし、どんなに考慮してもらえても、前述したようにゼロにはならないと思ったほうがいいでしょう。

住宅ローンの返済は、ほとんどの場合、毎月、元金と利息を支払っていきます。ですから、「一定期間だけ返済額を減らす」場合、「元金は支払わなくてもいいので、利息だけは支払ってください」と要求されるケースが多いです。

具体例で、見てみましょう。

例えば、10年前に、30歳で、金利1・5％、3000万円の住宅ローンを35年の完済予定で借りた人がいたとします。この人が、月々に支払っている住宅ローンの返済額は、9万1855円（ボーナス払いなし）です。

では、1年間、元金を払わず利息だけ払うとすれば、月々の支払額はいくらになるのでしょうか。

通常の支払額→9万1855円
1年間、利息のみの支払額→約2万9000円（元金約6万3000円はあとで払う）

1年間は、住宅ローンの支払額が利息のみの約2万9000円になり、その間払わなかった元金の6万3000円×12カ月＝75万6000円は、その後に支払う住宅ローンの年数24年間に上乗せされます。

この場合、２年目以降の返済額は、従来の月９万１８５５円に、約２６００円を上乗せした額になり、これを65歳まで支払っていくことになります。

結論

収入が減って苦しくても、一定期間過ぎれば収入が元に戻るという見通しがあれば、その期間だけローンの返済額を下げてもらうことができます。

ただし、どこまで返済額を減らせるかは、住宅ローン会社や銀行との交渉次第となります。

6 ボーナス返済はやめましょう

住宅ローン返済ノウハウの3つ目が、「ボーナス返済を見直す」ことです。会社経営が苦しくなると、真っ先に減らされるのが残業代やボーナス。次が基本給で、それも限界となれば、いよいよリストラということになります。

これからは、こうした事態が起きる可能性があります。残業代については、安倍政権の働き方改革によって減っているという会社も多いかもしれません。ただし、ボーナスについては、減額されながらも一応は支給されていたのではないでしょうか。

ところが、これからはボーナスもかなり減りそうなので、住宅ローンをボーナス払いにしている人は、ボーナス時の返済を見直してみましょう。

実は、住宅ローンではボーナス併用払いが多く、半数以上の人はボーナス払いを併用しています。

◆返済してはじめて気づく、ボーナス払いの落とし穴

銀行で住宅ローンを組む際に、「月々７万円、ボーナス払い30万円なら、返せますか？」と聞かれると、それなら何となく払えそうな気がする人は多いでしょう。

ただ、実際に支払いが始まると、通常月の返済額は７万円でも、ボーナス月は月々の７万円に加えボーナスの30万円を支払わなくてはならないので、支払額は37万円となります。30万円支払えばいいと思っていたものが37万円になるのですから、かなりの負担です。

しかも、ボーナスがカットされてしまうと、この額は払えません。

ですから、**なるべくボーナス払いをやめましょう**。

「ボーナス払いをなくして、月々の支払額を増やす」というのは、年間の支払額の配

分を変更するだけなので、金融機関も簡単に応じてくれます。

例えば、3000万円を金利1・5%、35年ローンで借りた場合、2000万円を月々返済にし、1000万円をボーナス返済にすると、月々の返済額は6万1236円ですが、そのかわりボーナス月の返済額は24万5382円（内ボーナス加算は18万4146円）と、かなり大きくなります。

これを、すべて月払いにすると、月々の返済額は9万1855円で、3万円ほど返済額が増えます。

このように、ボーナス払いをやめれば、その分、月々の支払額は増えます。それでもなんとか家計をまかなえるように、無駄を省いてコストダウンしておけば、ボーナスをカットされても、それほど慌てずにすむかもしれません（家計のコストダウンの方法は、第1章で詳しくお話ししました）。

また、**ボーナス払いがなければ、ボーナスを貯金に回すこともできます。貯まった**

分を住宅ローンの繰り上げ返済に回せば、ますます安心感が高まります。

現状でも、家計をやりくりすれば月々に支払う住宅ローンの額を増やせるという人は、できる限りボーナス払いをなくす努力をしましょう。

結論

住宅ローンを「ボーナス併用払い」にすれば、月々の家計はその分、楽になります。ただ、コロナ禍の影響で、いつボーナスがカットされるかわからない中では、なるべくボーナス返済を減らす、あるいはやめる必要があります。今すぐローンの組み直しを！

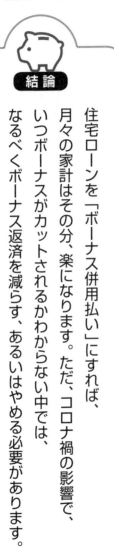

7 住宅ローンは「減免」されるのか

大規模災害では、まだ住宅ローンが残っているのに、家が倒壊してなくなってしまったなどというケースが多くあります。

欧米では、住宅ローンは「ノンリコースローン（非《ひ》遡《そ》及《きゅう》型《がた》融資《ゆうし》）」となっていて、住宅ローンを組んでいても、肝心の家が水害などで流されてしまえば、残りのローンは支払わなくてもいいことになっています。

けれど、日本の場合はノンリコースローンではないので、家が流されたり、倒壊してしまい住めなくなったりしても、残った住宅ローンは、自己破産でもしない限り支払い続けなくてはなりません。

自己破産すれば、残りの借財をゼロにするための免責を申請できますが、その場合、家を修繕するなどして住み続けることはできません。家も同時に失うことになります。つまり、家を残しつつ借金をなくすのは、なかなか難しいということです。

自己破産については、１２２ページで詳しくお話しします。

◆新型コロナウイルスに「減免」は適用されない⁉

「一般社団法人・東日本大震災・自然災害被災者債務整理ガイドライン運営機関」の調査によれば、東日本大震災後の個人の債務整理などの状況において、家が消失してしまったなどの理由でローンが「減免」されたケースも１３５１件（２０１７年2月時点）ほどありました。自治体が底地を買い上げたり、自分の預貯金を足しても、なおローン残高に満たなかったりして、建物は住めないのにローンだけが残ったというケースです。

ただ、これはあまたある住宅ローンの一部でしかありません。しかも、新型コロナウイルス感染症は、「災害」として捉える余地はあると思いますが、津波や地震といった自然災害と違って、建物が消失するということがありません。

ですから、災害時の住宅ローンの「減免」が適用されるのは難しいでしょう。

ただ、前述したように、**金融機関に相談すれば、住宅ローンの支払いを一定期間、減額してもらうことは可能です**。

ですから、まずどこまで減額してもらえるかを金融機関と相談しましょう。また、金融庁も相談窓口を設置しています。

■金融庁の相談窓口　新型コロナウイルスに関する相談ダイヤル
0120－156811（フリーダイヤル）
03－5251－6813（IP電話）
受付時間　平日　午前10時～午後5時

仮に「月3万円だけは払ってください」となれば、月3万円の住宅ローンはなんとかやりくりして支払い、それ以外のところで出費を減らすようにしましょう。
例えば、第4章で詳しくお話ししますが、税金や生命保険料、水道、ガス、電気などの公共料金の支払いにも、新型コロナウイルス対策として猶予してもらえそうなものはいろいろとあります。これらでうまく調節しましょう。

結論

新型コロナウイルスの影響で、住宅ローンが払えなくなってしまっても、ローン額を減免してもらうのは難しいです。ただし、毎月の支払いの減額は可能なので、税金や生命保険料、公共料金の支払いをひとまず待ってもらい、住宅ローンを払いましょう。

8 政府も住宅ローン控除対策に乗り出した⁉

政府の新型コロナウイルス対策では、個人の住宅ローンを減らすことにまでは踏み込んでいません。ただし、住宅ローン控除を受けるための要件を緩和して、税金を戻してもらいやすくしています。

住宅ローン控除とは、ローンを組んで住宅を購入した場合、一定期間だけは税金を安くしましょうというもの。

マイホームは大きな買い物なので、手持ちの資金だけで購入するのはまず無理。ですから、ほとんどの方は住宅ローンを組んで買うことになります。

その際、所得税が10年間安くなる「住宅ローン減税制度」（図表3－1）が利用で

図表3-1 住宅ローン減税制度の概要

住宅ローン減税制度は、住宅ローンを借り入れて住宅を取得する場合に、取得者の金利負担の軽減を図るための制度。毎年末の住宅ローン残高または住宅の取得対価のうちいずれか少ないほうの金額の 1% が 10 年間にわたり所得税の額から控除される（住宅の取得対価の計算においてはすまい給付金の額は控除される）。また、所得税からは控除しきれない場合には、住民税からも一部控除される。
加えて、消費税率 10%が適用される住宅の取得をして、2019 年 10 月 1 日から 2020 年 12 月 31 日までの間に入居した場合には、控除期間が 3 年間延長される。※1
居住開始時期・消費税率による控除額等は下表で確認すること。なお、申請は、住宅ローンを借り入れる者が個人単位で申請する。世帯単位ではないので要注意。

居住開始期間	～2014 年 3 月	2014 年 4 月～2021 年 12 月※2	
			2019 年 10 月～2020 年 12 月※3
控除期間	10 年間	10 年間	13 年間
控除率	1%	1%	1%
最大控除額	2000 万円※4-1 ×1%×10 年 =200 万円	4000 万円※4-2 ×1%×10 年 =400 万円	[1 ～ 10 年目] 4000 万円※4-2 ×1%×10 年 =400 万円 [11 ～ 13 年目] ※1 参照
住民税からの控除上限額	9.75 万円／年 (前年度課税所得 ×5%)	13.65 万円／年 (前年度課税所得 ×7%)	13.65 万円／年 (前年度課税所得 ×7%)
主な要件	1．床面積が 50 ㎡以上であること 2．借入金の償還期間が 10 年以上であること　など		

※1 11 年目～ 13 年目は、以下の①②のうちいずれか少ないほうの金額が 3 年間にわたり所得税の額等から控除される。
①住宅ローン残高または住宅の取得対価（上限 4000 万円※4-2）のうちいずれか少ないほうの金額の 1%
②建物の取得価格（上限 4000 万円※4-2）の 2%÷3
※2 2014 年 4 月以降でも経過措置により 5% の消費税率が適用される場合や消費税が非課税とされている中古住宅の個人間売買などは 2014 年 3 月までの措置を適用。
※3 消費税率 10%が適用される住宅の取得をした場合。
※4 新築・未使用の長期優良住宅、低炭素住宅の場合はそれぞれ 3000 万円（※4-1）、5000 万円（※4-2）。

出典：国土交通省「すまい給付金」HP をもとに作成

きます。これは、**借りている住宅ローンの残高の1％を10年間、所得税から控除してくれる制度**で、「住宅ローン控除」とも呼ばれています。

所得税から控除しきれない場合には、住民税からも一部控除されます。

この「住宅ローン控除」では、消費税が10％に増税されたことで住宅の購入をためらう人が増えないように、消費税10％が適用される住宅を買って２０１９年10月１日から２０２０年12月31日までに入居した人に対しては、これまで10年間だった控除期間をさらに3年間延長して、13年としました。

◆3年で増税分が取り戻せる！

ちなみに、マイホーム購入の際に消費税がかかるのは上物部分だけですが、住宅ローン控除は、住宅ローンの残高全体に対し控除額が決定されます。例えば建物１５００万円、土地１５００万円の合計３０００万円の物件なら、消費税が８％から

10％に増税された、差額の２％分の60万円。所得税を年間20万円以上払っている人なら、３年間の延長でほぼ増税分は取り戻せることになります。

この住宅ローン控除の要件が、新型コロナウイルス対応で緩和されています。具体的には、消費税アップによる特例措置は２０２０年の12月31日までに入居した物件が対象でしたが、新型コロナウイルスの影響を受けて、入居がそれより遅れてしまっても控除の対象になります。

注文住宅を新築する場合には、２０２０年９月末までに契約。分譲住宅、既存住宅の購入や増改築をする場合には２０２０年11月末までに契約していれば、入居期限は２０２１年12月31日まで延長され、13年間の控除が受けられることになりました。

ただ、これからは住宅価格もかなり下がりそうです。また、住宅が売れなくなると、控除などの税金の優遇も大きくなる可能性があります。

ですから、慌てることはありません。購入を考えている人は、あせらずに不動産市場を見ながらじっくり検討したほうがいいでしょう。

結論

新型コロナウイルス対策で、新居に入居するのが遅れそうな人のために、住宅ローン控除の適用期間が2021年12月31日入居まで延びています。ただし、住宅不況はこれからが本番。家を購入したいという人は、じっくり状況を見極める！

9 返済不能から自己破産までには3段階のシナリオがある

住宅ローンが払えなくなると、すぐに家を追い出されるというイメージを持っている人も多いかと思います。

けれど、**住宅ローンの支払いを滞納したからといって、すぐに家を追い出されることはほとんどありません。**

実は、私の知り合いで、事業に失敗して家のローンが払えなくなった人がいました。彼は、金融機関とも相談し、あの手この手を駆使し、試行錯誤を繰り返したのですが、最終的には家が競売にかけられ、出ていくことになりました。

ただ、**支払いができなくなってから家を出るまでの10カ月ほどはその家に住み続けられたのです。その間、月15万円の住宅ローンを一銭も払わず、その分を貯金**に回し、引っ越し先の住居を借りる際の頭金にしました。

そこで、あまりあってほしくはないことですが、住宅ローンが払えなくなった場合、どうなるかについて詳しく見ていきましょう。

◆第1段階　金融機関から催促が来る。迅速な対応を！

住宅ローンの支払いが期日から遅れると、早くて次の日、遅くとも2～3日後には、お金を借りている銀行から催促の電話があります。書面で「入金のお願い」が送られる場合もありますが、最近は、一刻も早く処理したいということで電話がかかってくることが多いようです。

この**電話や手紙を無視してはいけません**。

金融機関は、連絡した相手から応答がないことを嫌います。なぜなら、応答がないと、住宅ローンの担当者は上層部に報告ができないからです。

また、貸したお金の回収には「時効」があるので、なるべく早く相手に「督促があった」ことを認めさせ、あとで「知らなかった」などと言われて借金を踏み倒されないようにしたいという狙いもあるでしょう。

そのため、もし通知を無視していると、「借金を踏み倒そうとする悪質な借り手」と見なされてしまい、ローン担当者が家に訪ねて来るなど強硬な対応に出る可能性もあります。

もし住宅ローンが支払えなくなったら、まずは金融機関に出向き、事情を説明して一緒に対策を考えてもらいましょう。特に、今はコロナ禍という特殊な事情があるので、金融機関も親身な対応をしてくれるはずです。

できればこの段階で何とか対処したいものです。

ちなみに、住宅金融支援機構（旧・住宅金融公庫）の住宅ローンの「時効」は10年です。10年間、督促もなく返済もなければ、借金は消滅してしまいます。ただし、それは例外中の例外。督促にはきちんと応え、返済の努力を怠ってはいけません。

◆第2段階「任意売却」に着手。売る側のメリットを最優先に

金融機関で新しい返済計画を作ってもらったものの、その後に収入が減るなどして事態がさらに悪化し、一銭も払えなくなってしまうこともあるかもしれません。

そうなると、金融機関に再度相談してみようという気力もなくなっていきます。

金融機関も、スケジュールの変更をはじめ、さまざまな方策を考えてくれますが、それでも解決しないとなれば、家を売ってなんとかお金を回収しようとします。

その時に持ちかけられるのが、「任意売却」という方法です。

金融機関がすすめる「任意売却」とは、売り主の同意を得て家を売却し、その代金

で残りのローンを支払うというものです。

この場合、家が高く売れれば、住宅ローンの残債を払っても手元にお金が残ります。ただ、住宅ローンを借りたばかりで残債が大きく、家が思うように売れない場合には、住宅を手放しても、住宅ローンだけが残るということになります。

108ページでお話ししたように、日本の住宅ローンは欧米のように、家がなくなった時点で借金もなくなるという「ノンリコースローン」ではありません。ですから、**家を売ったあとも住宅ローンが残る可能性があり、何のために家を売るのかわからないということにもなりかねません。**

家の売却は、一朝一夕にはいきません。3カ月経っても売れないというケースも往々にしてあります。また、たとえ買い手が見つかっても、売り主が到底納得できない金額になる可能性もあります。

その場合には、最悪の状況である第3段階に移行します。

◆第3段階　最悪「自己破産」手続きへ。これで残りの借金もなくなる

半年以上、住宅ローンの支払いができず滞納したままで、家の「任意売却」もうまくいかない場合はどうなるか。**金融機関は、借入金の全額を保証している住宅ローンの保証会社に、借りている人の代わりにお金を返済してくれるよう依頼する「代位弁済」で回収**しようとします。

「代位弁済」が適用されると、**借金を取り立てる役目は、それまでの金融機関から保証会社に移ります**。

保証会社は、取り立てを業務にしていますから、給料を差し押さえたり、売掛金を差し押さえたりといった強硬な返済請求をする可能性があります。

そして、どうしても返済できなければ、最終的には家を競売にかけてでも住宅ローンを回収しようとします。

ただ、競売にかけてもなかなか売れず、売れても市場価格の6割ほどというケース

が多いために、家を失った上にローンが残るという結果になりかねません。

そうなれば、これ以上の返済は不可能ということで「自己破産」し、残りの借金を「免責」でなくすことができます。

家を売ってしまったあとの借金をゼロにするために、「自己破産」と同時に支払い義務を逃れることのできる「免責」の手続きをして、それ以上の借金は払わずに済むようにしてもらいます。

「自己破産」することに、罪の意識を感じる人も多くいます。確かに、あまりおすすめできる方法ではありませんが、新たな人生を歩んでいくためには、借金は整理しておくのがいいでしょう。

「自己破産」の手続きが始まれば、債権者は、給料の差し押さえなどの強制執行はできなくなりますので、住宅以外の財産はある程度、手元に残すこともできます。

自己破産すると、その後、数年間は借金ができない、クレジットカードが作れない、会社の代表取締役になれないなどのペナルティはあります。

自己破産した人の名前は官報に掲載されますが、職場で自己破産したことを知られたり、取引に影響したりするようなことはほとんどありません。たとえ夫が自己破産しても内緒にしていれば、妻が知らずにいるというケースも多いです。

もちろん、年金や失業保険も受け取ることができることは、覚えておきましょう。

結論

住宅ローンが払えなくなっても、すぐに家を取り上げられるわけではありません。第1段階はローンの組み直しなど銀行との折衝、第2段階は自宅の売却、その後、第3段階では自己破産と同時に免責を受けることになります。

10 家賃を支払えなくなったら「住居確保給付金」を活用！

新型コロナウイルスの影響で、収入が激減したり、失業したりして家賃を支払えなくなってしまったという人もいることでしょう。

こうした人のために、原則３カ月間（自治体の要件によってそれ以上の場合も）、家賃の一定額が補助される「住居確保給付金」という制度があります。

この制度の対象となる「資産要件」「収入規準額」「支給家賃額」は自治体によっても違いますが、東京23区での目安は、図表３－２にある通りです（あくまで目安です）。

例えば、東京23区に住む夫婦の場合、２人の収入が合わせて月19万４０００円以下で、しかも預貯金の合計額が78万円以下なら、月６万４０００円が３カ月間、自治体

図表 3-2　住居確保給付金

支給上限額は下記の通り。自治体によって額が異なる。

●東京都 23 区の一例

世帯の人数	単身世帯	2 人世帯	3 人世帯
資産要件（貯蓄基準）	50 万 4000 円	78 万円	100 万円
収入基準額（月額）	13 万 8000 円	19 万 4000 円	24 万 1800 円
支給家賃額（上限額）	5 万 3700 円	6 万 4000 円	6 万 9800 円

出典：厚生労働省 生活支援特設 HP をもとに作成

から夫婦が住む住宅の大家さんの銀行口座に振り込まれます。

単身者でも、収入が月13万8000円以下、預貯金が50万4000円以下なら、同様に3カ月間、大家さんに5万3700円が振り込まれます。

この金額や期間については、東京23区内でも一律ではありません。また、申請するにはいくつかの要件をクリアする必要があります。

ただし、新型コロナウイルス対策で、「申請日に65歳未満でなくてはいけない」「ハローワークに求職の申し込みをしていなくてはいけない」などといったいくつかの要件が緩和されているので、詳しくは最寄りの市区町村に問い合わせてください。

■厚生労働省HP　自立相談支援機関　相談窓口一覧（2020年5月25日現在）

お金、仕事、住宅など、生活に関するお悩みはこちらの窓口に相談しましょう。
https://www.mhlw.go.jp/content/000614516.pdf
※お住まいの窓口の連絡先がない場合は都道府県、市町村に問い合わせてください。

家賃を支払えなくなってしまったら、そのままにしておいてはいけません。放置しておくと矢のような催促が来て、2カ月後には「内容証明郵便」が届き、3カ月を過ぎると裁判所経由で立ち退きの強制執行が実施されることにもなりかねません。

まずは住居確保給付金の申請手続きをしてから、大家さんや管理会社に連絡を入れ、状況を説明しましょう。相手も人間ですから、みんなが新型コロナウイルスで困っているこの時期に、「家賃が払えないなら出ていけ」と頭ごなしには言わないはずです。

また、住居確保給付金の手続きをしていることなどをきちんと説明すれば、それを誠意と感じてくれるかもしれません。

その上で、猶予や減額の交渉をしてみましょう。さらに、入居した時の敷金を家賃の一部にあててほしいなどの提案をすれば、誠意として受け止めてもらえるかもしれません。あきらめずに、あらゆる手を尽くしてみることです。

結論

家賃を支払えなくなったら、住居確保給付金を利用しましょう。それと同時に、大家さんや管理会社に苦境を説明し、なんとかして家賃を支払いたいという誠意を見せましょう。相手も人間なので、気持ちを汲み取ってもらえるかもしれません。

第4章

困った時の猶予&免除

1 「猶予」と「免除」を駆使し、家計の負担を軽くする

新型コロナウイルスの影響で、給料が減ってしまったため、家計のやりくりに苦労しているという人も多いはず。

こうした家計の負担を、新型コロナウイルスの影響が大きい今だけでも軽減しようと、さまざまな猶予制度や免除制度があります。

生命保険の保険料が払えなくなってしまった時に使える「生命保険料支払猶予制度」については、第2章（50ページ）で、そして、家賃が払えなくなった場合に補助してもらえる「住居確保給付金」については、第3章（125ページ）で、それぞれ詳しくお話ししました。

この章では、それ以外のさまざまな「免除制度」や「猶予制度」などについて、見

ていきましょう。**免除とは、基本的には払わなくてもいいお金のことで、猶予とは、あとで払わなくてはいけないお金です。**中には、基本的には猶予の対象だけど、支払いが困難であれば免除してもらえるというお金もあります。

今はどこのご家庭も土砂降りの状態。「やまない雨はない」と言いますが、いつか雨がやむことを願い、土砂降りの間は、「免除」や「猶予」を傘がわりにしたらいいかがでしょうか。

結論

「生命保険料支払猶予制度」や「住居確保給付金」の他にも、困った時に使えるさまざまな制度があります。今は、新型コロナウイルスが生活を直撃している一番大変な時期なので、これらの制度を積極的に利用して、なんとか生活を立て直しましょう。

2 税金の支払い猶予を利用する（国税）

新型コロナウイルスが経済活動を直撃し、事業や生活の継続が困難になっていて、税金が払えないという人は、納税期限から6カ月以内に税務署に申請すれば、最長で1年間、国に収める税金を猶予してもらうことができます。

対象となるのは、所得税、消費税、法人税、相続税、贈与税など国税で扱うほぼすべての項目になります。

ただし、猶予を受けるには、国税以外に滞納がないことが条件です。また、資産のある人の場合には、持っている資産の額に応じて分割納付になる場合もあります。

ちなみに、払えないまま放置していると、「延滞税」が課せられたり、過少申告したりすれば「加算税」が課税されることもあります。そのままの状態を続けていれば、財産や給料が差し押さえられることも。脱税したら、実刑に問われることもありますので、支払いが困難なら、まずは猶予の申請を。

国税の猶予の申請が認められれば、原則として1年間は、税金の支払いを先送りすることができます。ただし、多少の延滞税は課されます。

延滞税は通常、年8・9％ですが、猶予が認められれば、これが年1・6％になります。この通常の「猶予」対象者の認定は、かなり広範囲にわたりますが、新型コロナウイルスの影響で収入が落ち込み、生活の維持が困難になっている人に対しては、さらに手厚い特例が設けられています。

2020年2月1日から2021年2月1日が納付期限対象の国税については、2020年2月以降に任意の1カ月以上、前年同期に比べて2割ほど事業収入が減少し、税金を一度に全額納付することが難しい場合、所轄の税務署に申請すれば、納期の期限から1年間、延滞税が1・6％に減額され、さらに無利息になります（「新型コ

図表 4-1 国税局猶予相談センターの連絡先

猶予制度について相談がある人は、まずは、自身の住所（所在地）を管轄する国税局猶予相談センターに電話で相談しましょう。
【受付時間】8：30〜17：00（土日・祝日を除く）

❶ 電話をする際には、電話番号を確認の上、かけ間違いのないようにしてください。

国税局（所）名	電話番号	管轄している都道府県名
札幌国税局	0120-291-675	北海道
仙台国税局	0120-945-430	青森県、岩手県、宮城県、秋田県、山形県、福島県
関東信越国税局	0120-948-249	茨城県、栃木県、群馬県、埼玉県、新潟県、長野県
東京国税局	0120-948-271	千葉県、東京都、神奈川県、山梨県
金沢国税局	0120-948-364	富山県、石川県、福井県
名古屋国税局	0120-380-769	岐阜県、静岡県、愛知県、三重県
大阪国税局	0120-527-363	滋賀県、京都府、大阪府、兵庫県、奈良県、和歌山県
広島国税局	0120-683-754	鳥取県、島根県、岡山県、広島県、山口県
高松国税局	0120-948-507	徳島県、香川県、愛媛県、高知県
福岡国税局	0120-782-538	福岡県、佐賀県、長崎県
熊本国税局	0120-948-540	熊本県、大分県、宮崎県、鹿児島県
沖縄国税事務所	0120-826-167	沖縄県

出典：国税庁 HP をもとに作成

ロナ税特法第3条」)。

また、通常は担保を提供しなくてはなりませんが、この場合は必要ありません。

詳しくは、最寄りの税務署に問い合わせてください。国税局猶予相談センターの電話番号は図表4－1を参照してください。通話料金は無料です。

結論

所得税、消費税、法人税、相続税、贈与税など国税が払えなくなったら、すぐに最寄りの税務署、または国税局猶予相談センターに電話してみましょう。新型コロナウイルスの影響であると認められれば、1年間は支払いを猶予してもらえます。

3 税金の支払い猶予を利用する（地方税）

国税だけでなく、地方税にも、新型コロナウイルスによって収入が大幅に減少し、生活が苦しくなった人のために、**税金の分割払いや支払い猶予の制度**があります。**対象となるのは、住民税、事業税、地方消費税、自動車税など。**

地方税の優遇の対象となる税金は、２０２０年２月１日から２０２１年１月31日の間が納付期限のもので、向こう半年間の事業資金を考慮に入れるなど申請する人の事情が、状況によって判断されます。

これらの税金のうち、すでに納期が過ぎている未納の地方税についても、さかのぼって猶予の特例を受けることが可能です。

固定資産税に対しても猶予が設けられています。中小事業者などが所有する固定資産や事務所家屋などの固定資産税については、２０２０年２月から10月までの任意の

３カ月間の売り上げが前年同期比よりも30～50％減少していたら、２分の１に軽減されます。また、50％以上減少していたら、新型コロナウイルス対策として改定された地方税法によって、固定資産税はかけないことになっています。

自動車については、２０１９年10月１日から２０２１年３月31日までの間に購入した自家用車（新車・中古）の自動車税環境性能割の税率が、少し安くなります。

詳しくは、最寄りの市区町村の税金の窓口に問い合わせてください。

結論

住民税、事業税、地方消費税、自動車税などの地方税を払えなければ、支払いを猶予してもらえます。
また固定資産税や自動車税については、条件が合えば税金が安くなる制度があります。
どちらも、最寄りの市区町村の窓口で相談してみましょう。

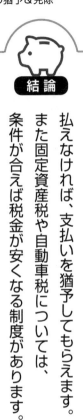

4 国民健康保険料も減免の対象になる！

会社で健康保険に加入している人以外は、病気やけがに備えて、国民健康保険に加入しなくてはなりません。リストラされて、会社員でなくなった場合も、基本的には国民健康保険に加入することになっています。

日本は国民皆保険なので、すべての国民は何らかの公的医療保険に加入し、保険料を払わなければなりません。

保険料を払わずにいると、けがや病気で医師の診察を受けた時の医療費が全額負担になったり、悪質と見なされれば財産が差し押さえられたりすることもあります。

ただ、新型コロナウイルスの影響で収入が激減し、保険料を支払えないという人もいることでしょう。

国民健康保険については、特別な理由がある人に対しては、「国民健康保険法第77条」に基づき、各市区町村、および国民健康保険組合が各自の判断で保険料の減免ができるようになっています。

政府からは、新型コロナの影響で収入が減った人に対しては、減免をするように要請が出され、財政支援の通達も出ています。

さらに、数カ月前にさかのぼり減免してほしい旨の通達も出ています。やむを得ない事情で減免を申請できず、すでに保険料を納めてしまった人でも、収入が激減し、家計が苦しいなどの事情があれば、各自治体の窓口で相談してみましょう。

結論

国民健康保険を払わないと、けがをしたり病気をしたりして
医師の診察を受ける際の費用が、
全額自己負担になるかもしれません。
保険料を支払えない人のために、
政府が財政支援を行っていますので、各市区町村の窓口に相談を。

5 国民年金保険料の支払いを減らし、将来の年金も受け取る！

お店を経営していたけれど、新型コロナウイルスで客足が減り、売り上げが立たなくなってしまったという人は多いようです。

自営業の人にとって無視できない出費が、国民年金保険料。２０２０年４月から２０２１年３月までの国民年金保険料は、月１万６５４０円。夫が国民年金だと、妻も国民年金という人が多いので、２人で月３万３０８０円の出費になります。年間にすると約40万円ですから、かなりの金額といえるでしょう。

実は、２０２０年5月1日から、新型コロナウイルスの影響で国民年金保険料の納付が困難になった人を対象に、臨時の特例免除申請の受付手続きが開始されました。

対象は、２０２０年2月以降に、新型コロナウイルスの打撃を受けて、収入が減少した人。また、単に収入が減少しただけでなく、今後の収入の見込みが、現在の国民年金保険料免除の基準に該当する人です。

国民年金保険料免除の収入の基準については、143ページの図表4-2を参照してください。

そもそも国民年金には、収入が少ない場合、その金額に応じた保険料免除制度があります。免除を申請して承認されれば、国民年金保険料を払っていなくても、将来、本来もらえるはずの年金額の半分程度は受け取ることができます。

また、遺族年金、障害年金の対象にもなるので、自分が死亡した場合に残された家族の生活費や、自分が病気やけがで働けなくなった時などの保障が受けられます。特にうつ病など精神的な障害の場合には長期の治療が必要となることもありますから、障害年金が使えると助かります。

免除には4段階あり、単身者なら全額免除は年収122万円以下、4分の3免除は

図表 4-2　免除となる収入（所得）の目安

（単位：万円）

世帯構成	全額免除	一部免除（納付）		
		3/4 額免除（1/4 納付）	半額免除（半額納付）	1/4 免除（3/4 納付）
4人世帯（夫婦と子ども2人）	257 (162)	354 (230)	420 (282)	486 (335)
2人世帯（夫婦のみ）	157 (92)	229 (142)	304 (195)	376 (247)
単身世帯	122 (57)	158 (93)	227 (141)	296 (189)

注：申請者、配偶者、世帯主の前年所得（「所得」＝「収入」－「必要経費」）が、次の式で算出した金額以下であることが必要。
※所得によって審査をするため、未申告の方は対象者の所得の申告が必要。
・全額免除＝57万円＋扶養親族の人数×35万円
・4分の3免除（4分の1納付）＝78万円＋扶養親族等の控除額＋社会保険料控除額等
・半額免除（半額納付）＝118万円＋扶養親族等の控除額＋社会保険料控除額等
・4分の1免除（4分の3納付）＝158万円＋扶養親族等の控除額＋社会保険料控除額等

出典：日本年金機構パンフレット「免除・納付猶予制度の申請を！」をもとに作成

年収158万円以下、半額免除は年収227万円以下、4分の1免除は年収296万円以下となります。2人世帯、4人世帯でも、年収に合わせてそれぞれ免除が使えます。

収入が減ってしまい、この免除制度を利用したいという人は「ねんきんダイヤル」に相談してみましょう。

■ねんきんダイヤル（一般的な年金相談に関する問い合わせ）
0570－05－1165（ナビダイヤル）
03－6700－1165（050で始まる電話でかける場合／一般電話）

受付時間　月曜日　午前8時30分～午後7時／火～金曜日　午前8時30分～午後5時15分／第2土曜日　午前9時30分～午後4時
※祝日（第2土曜日を除く）、12月29日～1月3日は休み

結論

収入が目減りしている自営業者にとって、夫婦合わせて年間約40万円納めなくてはならない国民年金保険料は、大きな負担です。

収入が激減しているなら免除の申請を。

保険料を払わなくても、将来、年金はしっかりもらえます。

6 水道料金を免除する自治体が増えている

外から帰ったら手洗いをする。これは、新型コロナウイルスと共に生きる時代の常識です。できれば、シャワーも浴びる、洗濯もするということで、これまで以上に水を使う機会が増えています。当然、水道料金も上がります。

中には、この水道料金が負担になるのではと不安に思う人もいることでしょう。

水道は各自治体が管理しているので、料金が払われないからといって、すぐに止めてしまうものではありません。**止めるまでには、2〜4カ月くらいは猶予があります。**ですから、料金を払えないようなら、役所にかけ合ってみましょう。首長が決断すれば、なんとか対処してくれる可能性もあります。

実は、自治体のトップの決断で、大阪府堺市や愛知県刈谷市をはじめ、多くの自治体が水道料金の免除に着手しています。埼玉県所沢市は、6月から7月に検診する2カ月分の水道料金を全額免除するという太っ腹。埼玉県加須市も、全4万9000戸を対象に、5~8月の請求分の基本料金を免除するなど、免除の方針はかなりの自治体で広がっているので、自分の住んでいるところがどうなっているかをチェック！

結論

水道料金が払えなくても、すぐに水道が止められることはありません。もし、支払いが困難なら、止められる前に水道を管理している各自治体にかけ合ってみましょう。新型コロナウイルスの影響で、水道料金の支払いを免除している自治体もあります。

7 生活資金に困ったら、社会福祉協議会や労働金庫に相談を！

入ってくるはずのお金がもらえなかったり、会社を解雇されたりして生活が困窮している人を対象に、地域の社会福祉協議会や労働金庫が窓口となって、「生活福祉資金貸付制度」を実施することになりました（図表４－３＝１４９ページ）。

すでにある「緊急小口資金制度」を新型コロナウイルス対策用に拡充したもので、「一時的に生計の維持が困難になった場合」の小口貸付は、「上限10万円、1年以内の返済」から「上限20万円、2年以内の返済」と条件が広がっています。貸付は無利子で、保証人も不要（図表４－４＝１５０ページ）。

さらに、「収入の減少や失業で、生活に困窮している人」に対する「総合支援資金」という融資も拡充されていて、2人以上の世帯では月20万円、単身者は月15万円までを、10年以内の返済条件で、原則3カ月まで貸し付けています。

◆2つの制度の併用で、融資金はさらに増える！

従来は、保証人がいなければ金利が1・5％、保証人がいれば無利子でしたが、この要件が緩和されて、保証人がいてもいなくても無利子となり、据置期間も従来の6カ月以内が1年に延びました。

つまり、夫婦で生活に困っていたら、月20万円×3カ月で計60万円のお金が借りられるということ。独身者ならば、月15万円×3カ月で合計45万円を貸してもらえることになります。

さらに、この2つの制度は、併用して使うことができるようになっています。

図表 4-3　生活福祉資金貸付制度　貸付手続きの流れ

・一般的な問い合わせは相談コールセンター
0120-46-1999　9:00 ～ 21:00（土日・祝日含む）
・申し込みはお住まいの市区町村社会福祉協議会または労働金庫

注：労働金庫で申し込みを受け付けるのは緊急小口資金のみであり、総合支援資金については住まいのある市区町村社会福祉協議会に問い合わせてください。

出典：厚生労働省 HP をもとに作成

ですから、夫婦ならば、最大で80万円、独身ならば最大で65万円まで、合わせて融資してもらえるということ。

これだけのお金があれば、もしもの時には一息つくことができるかもしれません。

加えて、ここがポイントですが、返済期限を迎えた時点で、まだ生活が困窮していて、とても返済できるような状況にない場合には、このお金は返済しなくてもいいことになっています。

「今回の特例措置では、新たに、償還時において、なお所得の減少が続く住民税非課税世帯の償還を免除することができる」と

図表 4-4　生活福祉資金の特例貸付

	緊急小口資金	総合支援資金(生活支援費)
対象者	休業等による収入の減少があり、緊急かつ一時的な生計維持のための貸付を必要とする世帯 (主に休業した人向け)	収入の減少や失業等により生活に困窮し、日常生活の維持が困難となっている世帯 (主に失業した人等向け)
貸付上限	●下記に該当する世帯は、貸付上限額を 20 万円以内とする。 ①世帯員の中に新型コロナウイルス感染症の罹患者等がいるとき ②世帯員に要介護者がいるとき ③世帯員が 4 人以上いるとき ④世帯員に新型コロナウイルス感染症拡大防止策として、臨時休業した学校等に通う子の世話を行うことが必要となった労働者がいるとき ⑤世帯員に風邪症状など新型コロナウイルスに感染した恐れのある、小学校等に通う子の世話を行うことが必要となった労働者がいるとき ⑥上記以外で休業等による収入の減少等で生活費用の貸付が必要なとき ●その他の世帯：10 万円	〈2人以上世帯〉 月 20 万円以内 〈単身世帯〉 月 15 万円以内 〈貸付期間〉 原則 3 カ月以内
償還期限	2 年以内	10 年以内
据置期間	1 年以内	
貸付利子・保証人	無利子・不要	

出典：厚生労働省 HP をもとに作成

厚生労働省から各都道府県に出された通達に明記されているからです。

返済できればそれに越したことはありませんが、困窮した状況が続いていれば返済を免れることができます。金銭的に困っている人は、こうしたお金があることをぜひ覚えておきましょう。

結論

生活資金に困ったら、高利の金融業者からお金を借りる前に、緊急小口資金制度や総合支援資金制度を検討してみましょう。無利子で最高80万円まで借りられるだけでなく、返済できない状況が続いていれば返済免除になります。問い合わせは、社会福祉協議会や労働金庫へ。

8 「雇用調整助成金」も拡充されている

経営が悪化しても雇用を維持する事業主に、休業手当などの一部を補助する制度に「雇用調整助成金」があります。新型コロナウイルスにより打撃を受けた事業主救済のため、要件が緩和され、助成率、および上限額がそれぞれ引き上げられました。

まずは助成率について。これまでは大企業が2分の1、中小企業は3分の2でしたが、緊急事態宣言の発動で、活動の自粛を求められている地域にある会社では、助成率は大企業で3分の2、中小企業では5分の4まで引き上げられました。

さらに、解雇などを行わず雇用を維持した場合、大企業では4分の3、中小企業では、なんと10分の10、つまり全額補助されることになりました。

上限額についても同様で、対象労働者1人あたり８３３０円であったものが、第２次補正予算では、１万５０００円まで引き上げられることが決定。助成率、上限額とともに、２０２１年３月末まで対象期間が延長される可能性があるので注意深く見守りましょう。

電話がつながらない、支給までに時間がかかりすぎるなど、何かと批判にさらされている制度ですが、事業主も労働者も助かることは事実です。現在、書類の簡潔化などさまざまな対策がなされているので、あきらめずに申請してみましょう。

結論

手続きに時間や手間がかかるとの批判もある雇用調整助成金ですが、事業主にとっても従業員にとってもありがたい制度。あきらめずに申請を！

9 退職するなら、必ず会社都合にしてもらう

今の時期、なるべく会社を辞めるのは避けたいものです。ただ、会社側も人件費を削減しなければならず、やむをえず人員整理をするケースも少なくありません。

万が一、人員整理の対象になってしまったら、自己都合での退職ではなく、解雇というかたちにしてもらいましょう。

なぜなら、自己都合退職と解雇（会社都合退職）では、もらえる失業手当の額と期間に雲泥の差が出るからです。

失業手当の日額は、雇用期間や給料によっても違いますが、基本手当日額の上限は、30歳未満で6815円、30～44歳で7570円、45歳～59歳で8330円、60歳～64歳で7150円です（実際には、計算が複雑なのでハローワークに確認してください）。

図表4-5　失業手当の給付日数

●一般の受給資格者（自己都合退職・定年退職など）

<table>
<tr><th>被保険者期間 ／ 区分</th><th>1年未満</th><th>1年以上
5年未満</th><th>5年以上
10年未満</th><th>10年以上
20年未満</th><th>20年以上</th></tr>
<tr><td>全年齢</td><td>ー</td><td colspan="2">90日</td><td>120日</td><td>150日</td></tr>
</table>

●特定受給資格者（特定理由離職者…会社都合退職で会社を辞める場合）
※会社の倒産・リストラによる退職の場合、こちらに該当する。

<table>
<tr><th>被保険者期間 ／ 離職時の年齢</th><th>1年未満</th><th>1年以上
5年未満</th><th>5年以上
10年未満</th><th>10年以上
20年未満</th><th>20年以上</th></tr>
<tr><td>30歳未満</td><td rowspan="5">90日</td><td>90日</td><td>120日</td><td>180日</td><td>ー</td></tr>
<tr><td>30歳以上
35歳未満</td><td>120日
(90日※補足)</td><td>180日</td><td>210日</td><td>240日</td></tr>
<tr><td>35歳以上
45歳未満</td><td>150日
(90日※補足)</td><td>180日</td><td>240日</td><td>270日</td></tr>
<tr><td>45歳以上
60歳未満</td><td>180日</td><td>240日</td><td>270日</td><td>330日</td></tr>
<tr><td>60歳以上
65歳未満</td><td>150日</td><td>180日</td><td>210日</td><td>240日</td></tr>
</table>

※補足　受給資格に係る離職日が2017年3月31日以前の場合の日数

出典：ハローワークインターネットサービスHPをもとに作成

給付日数は、失業した理由によって変わってきます。

自己都合退職の場合には、155ページの図表4－5（上）のようになっていますが、会社の倒産など会社都合で解雇された場合には「特定受給資格者」と認定され、図4－5（下）のように、給付日数が増えるだけでなく、失業手当申請から1週間の待機期間後に失業状態と認定されれば、雇用されていた期間に応じてすぐにお金が支払われます。

ちなみに、自己都合で辞めた場合には、日数が少ないだけでなく、1週間の待機期間を経たのち、さらに3カ月の給付制限期間があるので、すぐにはお金がもらえないようになっています。

ですから、会社を辞めるなら、自己都合ではなく会社都合になるようにしてもらいましょう。

◆新型コロナウイルスで、給付期間が延長される⁉

実は、新型コロナウイルスの影響で仕事を辞めざるをえない人の場合、この失業手当の給付日数が60日延長されることになりました（6月12日、「雇用保険法臨時特例法」が成立）。

つまり、会社に10年以上勤めた45歳以上の人の場合、従来の２７０日に60日がプラスされるため３３０日となり、仕事が見つからなくても約11カ月の間は、なんとか失業保険で食いつないでいける可能性があるということです。

ちなみに、辞める際には、なるべく会社から有利な条件を引き出すために、退職金の要求など条件交渉をすることもお忘れなく！

結論

新型コロナウイルスによる不況で会社を辞める時には、解雇されたことにしてもらいましょう。もらえる失業手当に、かなりの差が出てくるからです。

また、新型コロナウイルスが原因の失業であれば、従来の失業手当給付日数が60日延長されますから、ハローワークに確認を。

10 妊婦や休業中に給料が支払われない人のための制度が新設

会社からの要請に従い休業しているにもかかわらず、休業期間中の給料が支払われない中小企業に勤める人のために、第2次補正予算で「休業支援金制度」が設立されることになりました。

働く人を休業させる場合には、雇用主に「雇用調整助成金」が支払われることになっていますが、この制度を活用していない中小企業もたくさんあります。

そこで、休業している間の給料が支払われない人が、自分で請求できる制度ができました。それが休業支援金制度です。

この制度を使えば、従業員本人が、直接助成金を申請できます。

また、新型コロナウイルスの感染を避けるため、休業したいという妊婦の休業を認める事業者を支援する新たな助成制度が創設されています。

対象期間は、２０２０年５月７日から９月30日。新型コロナウイルス感染症に関する母性健康管理措置として、医師または助産師の指導により、休暇が必要な人が対象。

２０２０年５月７日から２０２１年１月31日までの間に５日以上の休暇を与えた事業主が対象で、有給休暇が合計５日以上20日未満の場合は25万円。以降、20日ごとに15万円が加算されていきます（上限１００万円）。

結論

会社に休業を要請されたのに、給料が支払われない人は、ハローワークを通して自分で直接請求できるようになりました。

また、新型コロナウイルス感染が不安なので会社を休みたいという妊婦の休業を認める事業者を支援する制度ができました。

11 電気料金やガス料金の支払いに困ったらホームページをチェック！

家計が苦しくなれば、電気料金やガス料金の支払いに困ることもあるかもしれません。電気会社やガス会社は民間企業なので、料金の免除はなかなかできません。ただ、政府も料金が支払えない人のために何らかの対策をとるように要請しています。要請に応じているのは以下の事業者なので、ホームページを調べてみましょう。

■電気事業者

https://www.enecho.meti.go.jp/coronavirus/pdf/list_electric.pdf

■ガス小売事業者

https://www.enecho.meti.go.jp/coronavirus/pdf/list_gas.pdf

ちなみに、今は電気もガスも自由化されていて、面倒な手続きなどもなく、電話1本で電力会社やガス会社を変更できるようになっています。

ですから、サービスが悪い、料金が高いなどと思ったら、満足できる会社に乗り換えるというのも1つの方法でしょう。

ちなみに、NHKも、受信料を払えなくなった人のために、相談窓口を設置し、個別の対応をしています。

結論

電気会社、ガス会社の中には、国の要請に従い、料金が支払えない人にさまざまな対応をしているところがあります。支払いが難しくなったら、まずは各会社に問い合わせを! NHKも料金の相談窓口を開いています。

第5章

コロナ不況を乗り切る生活防衛術

1 「新型コロナ詐欺」にご用心！

新型コロナウイルスに対する不安を悪用した「新型コロナ詐欺」が横行しています。まず、役所の人間を装い電話をしてきて、「10万円の給付金を振り込むので、ATMで受け取ってください」とコンビニエンスストアや無人のATMに誘導。到着後、再び電話をするよう指示します。

ATMの前で電話をすると相手は、「こちらの指示に従い操作してください」と言い、口座番号や10万円という金額を入力させ、最後に「では、振り込みますので、画面上の〈お振り込み〉ボタンを押してください」と言う。もちろん、〈お振り込み〉ボタンを押せば、10万円が詐欺グループの口座に送金されてしまいます。冷静に考えれば、〈お振り込み〉ボタンを押すということは、相手に送金することを意味するのに、誘導の仕方が上手なためそれに気づかない。

「給付金を振り込むための申請書に記載された銀行口座情報に不備があったので、通帳とキャッシュカードをお預かりします」と役所の職員を名乗る人間が、まず電話をかけ、キャッシュカードの暗証番号と口座の残高を巧みに聞き出し、その後、別の人間が担当者になりすまし通帳とキャッシュカードを預かりに来るという手口も発生しています。渡してしまったら最後、全額引き出されてしまうというわけです。

また、子供や孫になりすまして、「コロナウイルスに感染してしまい、治療費が必要だけど会いに行けないから、これから行く友達にお金を渡してほしい」という詐欺も報告されています。

２０２０年7月15日時点で、新型コロナウイルス感染に便乗した詐欺事件（未遂を含む）は20都道府県で88件確認され、被害総額は約８３９５万円（朝日新聞調べ）。

手口も実にさまざまで、実在の携帯電話会社名で「新型コロナウイルス対策で利用者に給付金を支給することになったので、振込先を教えてほしい」というメールが届き、記載されたURLを開くと、そこに、口座番号や暗証番号を入力するよう指示されます。もちろんそれは偽のサイトです。

中には、「市役所の者ですが、マイナンバーカードがあれば新型コロナウイルスの検査が簡単にできるので、皆さんにご協力いただいています」と電話してきて、マイナンバーカードを渡すことを強要されたケースもあります。

さらに、市役所職員を装って「安全な水が飲めるよう、新型コロナウイルスを除去する機械を取りつけましょう」と持ちかけ、高額な工事代金を請求する。「浄水器を見せてください」と家に上がり込み、「この浄水器では、新型コロナウイルスを消滅させるどころか培養してしまいます。そうなったら、ここから水を飲む家族全員が取り返しのつかないことになりますから、今すぐ取り替えてください」と脅すケースも。

また、「近所でクラスターが発生したので、一帯を検査しなくてはならない」との理由で、検査費用を要求されたケースまで実にさまざまです。

◆怪しいメールは決して開かず、即削除を!

そんな中、厚生労働省を装ったフィッシング詐欺も出てきています。

政府は、さまざまな給付金を出していますが、受け取りたいと思っても、申請方法がよくわからない。電話で聞こうとしてもつながらなかったり、窓口が混み合っていたりして、なかなか申請できないという人は多いようです。

そんな人を狙って送られてくるのが、「給付金の申請が厚生労働省のホームページでできます」というメール。

開くと、厚生労働省とそっくりのホームページが出てきて、手続きするように誘導していきます。けれど、これは典型的なフィッシング詐欺です。

指示通りに自分のキャッシュカードの暗証番号などを入力してしまうと、銀行口座からお金が引き落とされかねないので要注意。厚生労働省が、メールで個人の口座番号や暗証番号を問い合わせることは決してありません。その時点で、詐欺を疑う必要があるでしょう。

怪しいメールが届いたら、開かずにすぐに削除しましょう。

給付金については、「給付金代行詐欺」という、新たな手口も報告されています。事業者への給付金は手続きが面倒で、しかも電話がつながりにくいという状況を逆手にとって、それを代行する業者を装い、お金を騙し取るケースです。

いかにも実績のある専門業者を装っているので、依頼すればスムーズに給付金が支給されるのではないかと思いがちですが、**そもそも給付金が他の人よりも早く手に入るように申請の代行をしている業者などは存在しません。**

もし、どうしても誰かに代行してほしいなら、きちんとした国家資格を持った税理士や公認会計士などにお願いすべきでしょう。面倒な手続きをフォローしてくれるはずです。

新型コロナウイルスに関するアンケート調査を装った詐欺事件も発生しています。例えば、無料通信アプリＬＩＮＥでは、厚生労働省と協力して、８０００万人を超える国内ユーザーに対して健康状態などを確認するアンケートを行いました。これに回答した人もいることでしょう。

ただ、こうしたアンケートを装って、キャッシュカードの暗証番号やクレジットカードの番号を聞いてくる詐欺が発生しています。通常のアンケートでは、暗証番号などは聞きませんから、こうしたものを目にしたら詐欺だと思ったほうがいいでしょう。

大きな災害が起きるたびに、金儲けをしようと考える詐欺が暗躍します。不審な電話がかかってきたり、メールが送られてきたりしたら、すぐに返事をせず、消費生活センターに連絡し、判断してもらうといいでしょう。

消費生活センターの連絡先は、局番なしの188。「イヤヤ（188）」と覚えてください。

結論

新型コロナウイルスの感染が広がり、多くの人が不安を感じていることにつけ込んだ詐欺が横行しています。

給付金詐欺や工事詐欺、マイナンバー詐欺やフィッシング詐欺など、あの手この手。もし、銀行口座など個人情報を聞かれたら、詐欺だと思ったほうがいいでしょう。

2 公的機関の相談窓口は、困った時の駆け込み寺

苦しい生活を立て直すには、知らないと受け取れない給付金など、家計を支えるさまざまな情報が必要です。誰かに相談したいと思う人もいることでしょう。

できれば専門家にアドバイスをもらいたいところですが、あとから法外な料金を請求されることがあるかもしれません。それが心配だという人は、自治体が運営している福祉事務所や、地域の生活協同組合などのホームページをチェックしてみましょう。中には家計の相談や支援事業を行っているところもあります。

相談窓口では、厚生労働省のガイドラインをもとに、相談者が自ら家計管理できるように、基本的な考え方やアドバイスをしてくれるケースが多いです。さらに、その

窓口で手に負えない場合には、相談内容に応じた専門家を紹介してくれます。

自治体の中には、無料の生活相談や法律相談などを行っているところがかなりあります。例えば東京都では、架空請求に関する相談や消費生活相談、高齢消費者の被害相談などを無料で行っています。

また、市区町村の役所では、予約をすれば無料で法律相談を受けてくれるところが数多くあります。さらに、各地の弁護士会が無料相談を行うケースも増えています。

借金などの取り立てが厳しく、弁護士に相談したいけれど費用が支払えないという人もいることでしょう。

そういう人は、国によって設立された法的なトラブルを解決するための全国的な組織「法テラス」で行っている無料法律相談を利用しましょう。「法テラス」は、正式名称を「日本司法支援センター」といい、全国50カ所に地方事務所を設置しています。**「日本司法支援センター」、または「法テラス」でネット検索してみてください。**問い合わせに応じて、一般的な法制度や手続き方法、適切な相談機関（弁護士会、司法書士会など）に関する情報を無料提供しています。

また、経済的に余裕がない人が法的トラブルにあった場合、無料で法律相談を受ける以外に、必要に応じて弁護士や司法書士への相談費用の立て替えも行っています。

ちなみに、相談だけなら弁護士費用はそれほど高くありません。法律事務所によって異なりますが、料金の相場は30分５０００円程度です。

借金問題は、適切に対処すれば、必ず解決できます。たとえ、多重債務に陥ってしまったとしても、専門家の手を借りれば処理できないということはない。

最悪の場合、１２２ページでもお話ししたように、自己破産で借金を帳消しにするという方法も残されています。

結論

金銭的な問題など、自分の力だけでは
どうにもならないと思ったら、行政に相談を。
行政の力を借りれば、無料で弁護士を頼むこともできます。
早めに対処すれば、問題解決も早い！

3 リモートワークで豊かな暮らしを実現！

新型コロナウイルス感染拡大の防止策として、在宅で勤務をする「リモートワーク」を各企業が採用しました。これからは、このスタイルが定着しそうです。

「リモートワーク」と聞くと、出社しないため、誰にも会わずに家に閉じこもって仕事をするというイメージがあるのか、「かえって辛そうだ」と考える人がいるようです。けれど、それはやり方次第なのだと思います。

徳島県の山の中に、神山町という小さな町があります。県庁所在地の徳島市にある徳島駅からバスで約60分。300～1500メートル級の山に囲まれて、川沿いに農地と集落が点在する、人口5000人に満たない山の中の小さな町が、今、日本中から注目されています。なぜなら、この町には、最先端のＩＴ企業のサテライトオフィスが集まっているからです。

町では2004年に、ケーブルTV兼用光ファイバー網を整備。2010年に、あるITベンチャー企業が町の古民家をオフィスとして改装したのをきっかけに、都心に本社を構えるIT企業が次々とサテライトオフィスを構え、それに伴って、おしゃれなビストロやカフェが誕生。2011年には減少し続けていた人口も上昇しました。

さらに、20年前から国内外のアーティストを招いて夏の2カ月ほど町に滞在しながら作品を制作してもらう試みを続けています。

これが評判になって、オランダから来て醸造所を開く人や、徳島市の中学校で英語を教えるために移住してきたイギリス人など、神山町は小さいながら外国人比率が高く、国際的な町なのです。

町に住んでいるIT関係の方に話を聞くと、「古民家の家賃は月3万円で、畑付き。早朝に畑の世話をしてから歩いてオフィスに。昼食は家に帰って家族と食べ、午後の仕事が終わったら川で釣りをして、夕食は家族や友人たちとワイワイ」と答えてくれました。

仕事内容は東京の本社とほぼ同じだそうですが、満員の通勤電車も不毛な会議もないのでストレスがなく、しかも、子育てにも最適な環境だとのことでした。

リモートワークとは、自宅にこもってひたすらパソコンに向かうことではありません。自宅に限らず、どこでも仕事ができるので、神山町のような大自然を味わいながら、業務を行うことだってできるのです。

◆会社での出世が人生のゴールではない！

実は、世界で最も大きな仕事場は、インターネットの中にあります。

例えば、**世界最大のクラウドソーシングサイトの「Upwork（アップワーク）」には、約1000万人のフリーランサーが登録していて、さまざまな企業から仕事を**

受注して生活しています。

日本にも、「クラウドワークス」や「ランサーズ」のようなネット上で仕事の仲介をするサイトがあり、クラウドワークスだけでも登録ワーカー数が332万人（2019年度）。

最近では、専門のサイトやアプリを通じて、単発の仕事を請け負う「ギグエコノミー」という働き方も増えています。空いた時間を利用し、自身のスキルもいかせる自由度の高い働き方として、年齢を問わず注目を集めているようです。

アフターコロナでは、仕事の形が大きく変わってきそうです。

まず、**3密（密閉・密集・密接）になるような対面での会議はなくなる**でしょう。

さらに、コストをかけて社員を雇うよりも、インターネット上で優秀な人材に仕事を発注したほうが、人件費を削減できます。ですから、**会社に残るのはネットを自在に使いこなせたり、管理能力が発揮できたりする少数の社員**ということになるでしょう。

そうなると、**派閥争いや権力闘争の末の「会社での出世」というのが、人生のゴー**

ルではなくなってきます。

これからは、「競争」よりも「共存」。アフターコロナではリモート化が進みますから、神山町での暮らしのような、豊かな生活が手に入るかもしれません。

結論

新型コロナウイルス対策で仕事のリモート化が進んだことで、日本国内に限らず、世界中のどこでも仕事ができるようになりました。
電車通勤や対面での会議がなくなるだけでも、ストレスがなくなる。そのためには、今からしっかりネットのスキルを身につけておいたほうがよさそうです。

4 パソコンは、「新しい生活様式」の必需品

アフターコロナでは、確実に、社会のリモート化が進んでいきます。そのために、しっかり使いこなせるようにしておきたいのがパソコン。ただ、50代でもパソコンが苦手という人がまだまだいます。

そういう人は、会社勤めのうちに、雇用保険加入者なら利用できる「教育訓練給付制度」を使って、パソコンなどの資格の取得を進めておきましょう。

教育訓練給付制度とは、厚生労働大臣指定の教育訓練講座を受講し、修了後、受講にかかった費用の20％（4000円以上、上限10万円、最長1年間）を補助してもらえるという制度です。

パソコン以外にも、簿記、経理などの実務に役立ちそうなものから、犬のトリミン

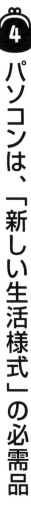

グ、鍼灸まで、かなり幅広い分野の資格を網羅しています。ですから、「今の会社を辞めたら、次はこんな仕事をしよう」などと考えている人は、そのための資格を取得しておくといいでしょう。

実際、どのぐらいの金額が戻ってくるのか。事例を見てみましょう。

例えば、この制度を利用して、経理の資格を取るために20万円かかったとします。この場合、受講後に領収書と教育訓練証明書を発行してもらってハローワークに給付申請すれば、４万円が戻ってきます。つまり、自己負担額は16万円で済むということになります。

この制度は、通算で３年以上雇用保険に加入していれば使えますが、初めて使う人だけは特別に、１年以上の加入で大丈夫。そして１回使って資格を取得して受講費用の一部を受給しても、原則３年以上経てばまた使うことができます。また、会社を辞めても離職後１年以内なら利用することができます。

ただし、成果を証明することが条件ですので、資格が取得できないと、給付なしということに。

◆より専門的な資格を取れば、かかった費用の最高70%がもらえる

専門的な技術を身につけたいという人のためには、「専門実践教育訓練給付金」という制度もあります。

これは、より専門的な知識を身につける、中長期的なキャリアアップを目指す制度で、厚生労働大臣が指定する講座が対象。会社に在職しながら通信教育を受けたり、夜間の授業を受けたりすることができます。もちろん、会社を辞めて本格的に勉強する人に対しても門戸は開かれています。

支給額の上限額は50%。資格を取得し、かつ終了した翌年から1年以内に資格をいかして就職したら、さらに20%が上乗せされ、70%が支給されることになります。

支給の上限額は、受講期間が1年の場合には56万円、2年の場合には112万円、3年の場合には168万円となっています。

初めて支給される人は雇用保険の加入期間が1年以上（原則は3年以上）あれば対象となります。ただし、一度受講している場合は、3年以上期間を空けての受講となります。

結論

アフターコロナの「新しい生活様式」では、パソコンスキルは必須です。パソコンが苦手だという人は、今のうちに勉強しておいたほうがいいでしょう。「教育訓練給付制度」を使えば割安に学べる！

5 農業で3密を避けて、豊かな暮らしを！

アフターコロナで見直されているのが、農業。

地方に行くと、農作業をしている元気な老人が多いことに驚きます。しかも、広々とした畑には、3密がない。

ただ、そうは言っても、すでに便利な都会に住んでいる人にとっては、地方に移住し、本格的に農業を始めるのはハードルが高いのではないでしょうか。

だとしたら、もっと身近なところで野菜を育ててみるのはどうでしょうか。

買うと高いハーブ類ですが、窓辺に置いた鉢植えで手軽に育てることができます。わざわざ鉢を買わなくても、プラスチック製のカップ麺の空き容器の下に穴をあけ、水の受け皿の上に置けば、簡単に栽培できます。ホームセンターなどでは、ベランダでも失敗せずに手軽に野菜を栽培できるキットも売っています。

また、ベランダや縁側にネットを張り、ゴーヤを育てるのもおすすめです。ゴーヤはプランターでも丈夫に育ちますので、手軽にプチ農業感を味わえます。ゴーヤの蔓《つる》を上に這わせていけば、グリーンカーテンの出来上がり。夏の日差しを遮《さえぎ》ってくれるだけでなく、葉の緑が涼しさを感じさせてくれます。しかもゴーヤは、驚くほどたくさん実ります。近所におすそ分けすれば、近所との関係も良好になるでしょう。

最近は、建物を緑化すると、助成金が出る自治体も増えています。

東京都では、かなりの自治体が緑化に助成金を出しています。例えば、東京都世田谷区の「屋上・壁面緑化助成」制度では、樹木を植えるなどして屋上や壁面を緑化すれば、1平方メートルあたり1万円から2万円、上限50万円まで助成してくれます。

仙台市、横浜市、金沢市、名古屋市など、いくつもの自治体が緑化助成を行っているので、自分が住んでいるところに同じような制度がないか調べてみましょう。

もっと**本格的に野菜作りをしたいという人は、近くに市民農園がないかチェック**しましょう。

農家の人々が高齢化し、耕すことが難しくなった土地が、市民農園として貸し出されています。特定農地貸付法の改正で、農地を所有している人だけでなく、NPO法人や企業など農地を所有していない人でも、市民農園を開設できるようになりましたので、こうした土地は今後も増えていくでしょう。

さらに、2018年には、都市部にある農地の有効活用を目的とした「都市農地賃借法（都市農地の貸借の円滑化に関する法律）」が制定され、市民農園開設のための農地が借りやすい仕組みもできています。

市民農園の利用料は、約5割が年間5000円未満で、約3割が5000円～1万円です。

私の知人が借りている東京都練馬区の市民農園は、畳4枚分ほどの広さで利用料は年間3万2000円（区内在住者対象）とちょっと高めですが、この費用の中には、種代、肥料代、用具代、指導料まで含まれているそうです。年間に90キログラムほどの野菜が採れるので、家族だけでは食べきれず、近所におすそ分けして喜ばれているようです。

市民農園の所在地や連絡先は、農林水産省のホームページに掲載されています。「全国市民農園リスト」で検索してみましょう。

結論

3密を避けて豊かな暮らしを望むなら、農業はどうでしょうか。
市民農園を借りれば、安価で楽しく野菜作りができます。
自分で作った野菜を近所におすそ分けしたり、
家族みんなで食べたりするというのは、
気持ちの充実にもつながります。

6 新型コロナ対策に、AIが活躍する⁉

新型コロナウイルス対策で、今後、AI（人工知能）が活躍することでしょう。例えば、**AIがものの価格を決める「ダイナミックプライシス（価格変動制）」。これは、需要と供給の関係で価格を設定し、その価格を常に変動させていくという仕組みです。**

例えば、ある遊戯施設では、一律7900円だった施設利用料を、1月の入園者が少ない時期は7400円に値下げし、中国が春節（旧正月）を迎える2月には中国人観光客が見込めるため8200円、春休みで国内の来訪者が増える3月末からは8700円にそれぞれ値上げをするなど、価格を変えました。

その時々の需要と供給によって価格を変えることは、すでに海外ではポピュラーになっていて、アメリカ・フロリダ州の「ウォルト・ディズニー・ワールド・リゾート」などのレジャー施設やコンサート会場など、さまざまな施設がこのダイナミックプライシスを取り入れています。

皆さんに最も身近なダイナミックプライシスは、航空運賃ではないでしょうか。多くの人が海外旅行に出かけるゴールデンウィークや夏休みなど、ハイシーズンのチケット価格は驚くほど高くなりますが、その繁忙期を外したローシーズンになると、これまた驚くほど安くなります。

さらに、平日と週末や祝日前後、早朝・深夜と日中では価格が違います。つまり、飛行機の利用者の増減に合わせて価格設定をしているのです。

飛行機だけでなく、ホテルや旅館の宿泊料金も、週末や祝日の前後などは高くなりますし、部屋によっても価格は違います。また、新型コロナウイルスの影響で予約が激減した際には、高級旅館でも宿泊料金を半額に下げていました。

◆AIが人より合理的に値決めする

今まで、こうした価格の設定は、担当者が過去の経験値から値決めするケースが多かったのですが、最近はAIが膨大なデータをもとに学習した上で行っています。すでに**アメリカでは、数年前からスポーツ界でAIによるダイナミックプライシスが導入され、アメリカンフットボールやベースボール、アイスホッケーなどプロリーグのチケットが販売されています**。

試合が平日か休日かといった日並びだけでなく、屋外観戦の場合は気温を含めた開催時期の天候、見やすい席であるか、人気の選手が出場するか、優勝など特別なイベントが重なっていないかなど、あらゆるデータを多角的な角度から解析していきます。ここまで詳細に解析するのは人間には無理。**過去の膨大なビッグデータ（巨大なデータ群）をAIが数値化して分析し、さらに、顧客の満足度と経営側の利益を検討した上で価格を出します**。有名選手の引退試合などは、是が非でも見に行きたいという人も多いために、価格はかなり高くなります。

◆最近の「天気予報」がよく当たるのは、AIのおかげ⁉

実は今、天気予報もAIがビッグデータを使って予想しています。

最近、「天気予報が当たるようになった」と言われますが、これは気象庁が優秀になったわけではなく、AIが予測するようになったからだと、あるベテランの天気予報士が言っていました。

気象衛星「ひまわり」の画像から、各地の気温を観測するために設置された「百葉箱」のデータまで、ありとあらゆるものを分析して予想するので、**ベテラン気象庁職員のお天気分析よりもずっと早く、しかも正確に結果を出し、警告を発することができるようになった**のだそうです。

日本気象協会のホームページに、自分の家の郵便番号を入れると、その周辺の天気予報が表示され、落雷情報や降水確率などがわかります。また、「お出かけスポット天気」では、人気の観光地の天気などもわかります。

◆ビッグデータはエンターテインメントを救えるか

今、新型コロナウイルス感染予防のため、多くのスポーツ観戦やイベントが、無観客で行われたり、取りやめになったりしています。そのために、収入が激減する業者も出てきています。

世界中で愛されたカナダのサーカス劇団「シルク・ドゥ・ソレイユ」が、新型コロナウイルスの感染拡大を受け、公演を行うことができず破産申請したニュースは多くの人に衝撃を与えたことでしょう。今後、既存の株主などから金融支援を受けて、再建を目指すそうです。

ただ、悲観することはありません。おそらく今、**世界中のビッグデータをもとに、新型コロナウイルスに感染しない方法が模索されているはず**です。こうしたデータが蓄積されれば、劇場内の空気の流れなどを読み取ることが可能になり、感染率まで分析できるようになるに違いありません。そうすれば、感染を防げる座席の設定を見極め、多くの観客が安全に上演を楽しめるようになるでしょう。

今、世界中のエンジニアがこうしたデータ解析技術の開発をしているはずですから、安全にイベントを楽しめる日も近いのではないかと思います。

結論

スポーツ観戦や各種イベントの中止が続く状況を、AIが解決してくれるかもしれません。
座席料金から天気予報まで、AIが人間よりも合理的に判断する時代。
安全にイベントを楽しめる日も近いことでしょう。

7 投資なんか、おやめなさい

収入が減りつつある中で、なんとかしてお金を増やしたいと願う人も多いことでしょう。その方法の1つとして投資を考える人もいるかもしれません。けれど、**こんな時期だからこそ、投資などはやめたほうがいい**です。

この先、何が起こるかわかりません。そうした**予測不能な状況にあって、価格が乱高下しそうな株や投資信託などは博打のようなもの**だからです。

株価を見ると、2020年1月20日には2万4000円を上回っていた日経平均株価が、その後、新型コロナウイルスの影響を受け急落、3月16日には1万6358円と、なんと3割以上も下落しました。ところが、ここを底値にその後反転し、なんと6月8日には2万3000円と、下がった分をほぼカバーする値上がりに。

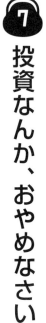

これだけ見ていると、日本経済はＶ字回復しているかのように思えます。

けれど、騙されてはいけません。これは、経済が回復しているわけではなく、日本銀行の株買いに支えられた相場だからです。

日本株は、３月中頃までは外国人投資家が猛烈に株を売っていたので下がっていました。株価が1万６３５８円まで売られた３月16日、日本銀行はＥＴＦ（上場投資信託）の年間残高の上限を６兆円から12兆円に引き上げ、１日あたりの購入額約１０００億円を、約１２００億円に増やしました。しかも、アメリカの株式市場が暴落した19日には、約２０００億円の買い入れをして、３月の買い入れ額は１兆５４８４億円と月間では過去最高になりました。

その後も日本銀行の株買いは続いていて、４月も外国人投資家が売って日本銀行が買うという展開が続きました。

けれど、日本銀行が買い支えている相場に安心感を覚えたのか、５月中頃から、外国人投資家の買いが売りを上回る状況になっています。
こうしたことがあって、日経平均は2万円を超えてきたのですが、一方で日本銀行が持っている株の保有総額は31兆円となっています。

日本銀行は、すでにユニクロを経営するファーストリテイリングやＴＤＫ、アドバンテストなど日本を代表する企業約80社の大株主となり、年内には、株式市場最大の大株主となることが予想され、その額は、40兆円に迫るとも言われています。

確かに、**世界的に金融緩和が行われているので、お金が株式市場に流れ込み、日本の株も上がっているという側面はありますが、**ただ、**日本銀行が買い支えを行うことで株価を下げないようにしている**というのが現状です。

株を買い支えているのは、日本銀行だけではありません。
私たちの年金を運用しているＧＰＩＦ（年金積立金管理運用独立行政法人）も、大量に株を買っています。２０１９年12月末時点での日本株の保有総額は42兆３７８１億円。ちなみに、外国株式が46兆８１００億円で、株式比率が運用の半分以上を占めています。

こうした状況を、皆さんは「国が買い支えているのでチャンスだ」と思いますか？　だんだん国家が全てを支配する中国に近づいていると感じるのは、私だけでしょうか。

結論

株式市場は、一時は1万6000円台まで下がりましたが、日本銀行などが株を大量に買い占めていることで、再び値を上げてきています。けれど、これは市場の自律反発ではなく、日本銀行の買い支えが大きい。そんな中での投資は危険が大きいので、うかつに手を出さないこと。

●著者紹介

荻原博子（おぎわら・ひろこ）

1954年、長野県生まれ。経済ジャーナリスト。経済事務所に勤務後、1982年にフリーの経済ジャーナリストとして独立。難しい経済と複雑なお金の仕組みを、わかりやすく解説。早くからデフレ経済の長期化を予測し、家計のスリム化や現金の重要さ、ローンの危うさを説き続ける。「サンデー毎日」をはじめ数多くの雑誌、新聞に連載中。著書に『荻原博子のハッピー老後 貯金ゼロでも大丈夫！』『荻原博子のグレート老後 人生100年時代の節約術』『荻原博子の貯まる家計』（いずれも毎日新聞出版）、『「郵便局」が破綻する』（朝日新書）、『保険ぎらい「人生最大の資産リスク」対策』（PHP新書）、『騙されてませんか――人生を壊すお金の「落とし穴」42――』（新潮新書）、『最強の相続』（文春新書）など多数。

コロナに負《ま》けない！
荻原博子《おぎわらひろこ》の家計《かけい》引《ひ》きしめ術《じゅつ》

印　　刷　2020年9月20日
発　　行　2020年9月30日

著　　者　荻原博子《おぎわらひろこ》

発 行 人　小島明日奈
発 行 所　毎日新聞出版
〒102-0074 東京都千代田区九段南1-6-17 千代田会館5階
営業本部 03(6265)6941　図書第二編集部 03(6265)6746

印刷・製本　光邦

ISBN978-4-620-32652-8